AF349324

RICARDO DÍEZ SANCHÍS

YO ORCO

VIAJE AL CORAZÓN DE UN PERRO POTENCIALMENTE PELIGROSO

"El perro es el único ser en el mundo que te amará más de lo que se ama a sí mismo"

- John Billings -

Índice

"Los perros son nuestra unión al paraíso, no conocen el mal ni los celos ni el des-contento. sentarse con un perro en la ladera de una montaña en una tarde gloriosa es volver al Edén, donde no hacer nada, no era aburrido: era paz".

- Milan Kundera -

Dedicatoria

Una vez me preguntó un amigo qué diferenciaba a Orco de otros perros que ya había tenido.

No tuve que pensar mucho la respuesta:

"Lloré por cada perro que tuve cuando murió, por Orco, podía llorar solo pensando que un día iba a morir".

Hermano Orco, este libro está dedicado a ti, por todo lo que me diste, por tus magistrales lecciones, que con este libro pretendo que otros aprendan, por tu compañía, por tu lealtad, por todo eso y muchísimas cosas más este libro es para ti.

Espero llegar a ser tan buena persona como tu pensabas que era, y me gusta pensar que, si hubieras tenido siete vidas como los gatos, en cada una de ellas me elegirías a mí para vivirla a tu lado.

Hasta siempre hermano, un honor caminar junto a ti, eternamente en mi corazón y en mi piel.

"Hasta que no hayas amado a un animal, parte de tu alma estará dormida"

- Anatole France -

Agradecimientos

Quiero empezar por darle las gracias a Félix Rodríguez de la Fuente, porque él me enseñó a amar la naturaleza, a amar la vida y en amar los animales, yo fui un niño de Félix.

No quiero olvidarme de la hija de Félix, Odile Rodríguez de la Fuente, por mantener encendida la llama que prendió su padre y colaborar en este libro.

A Jaume (Tarracosbull), la fuerza de su mensaje y su convicción me hizo gritar a mí también: "Yo lucho contra las peleas de perros".

A Loli Alcarria y a su perrita Thai (Estoy con Thai) incansables luchadoras en la abolición de la Ley de Perros Potencialmente Peligrosos, está guerra parece que acabaremos ganándola gracias a personas como ella.

A Manu (Gossos d´Alpe), él permitió que Orco fuera parte de mi familia, nadie me ha hecho nunca un regalo tan importante.

Este libro es un homenaje a todos y cada uno de los voluntarios que trabajan sin ánimo de lucro y de forma desinteresada, invirtiendo su tiempo y en ocasiones su dinero, en cada uno de los refugios de toda España para darles una mejor calidad de vida a los perretes que allí llegan, especialmente quiero acordarme de Katy Perona y a Mari Carmen Ortega (Make) a las que conozco personalmente y las he visto trabajar hasta el agotamiento por conseguir una adopción, tampoco quiero olvidarme del trabajo que hace por los PPP, Beatriz Cadaya.

A mi manada: Mis pastores alemanes, Lobo, Colmillo y Draven. A mi galguita, Xena y por supuesto, a la que ahora me dibuja al menos una sonrisa todos los días, Gorgo.

Siempre les estoy agradecido, pero quizás en este libro más, la Editorial Wanceulen y en el ámbito personal, Antonio, siempre apuestan por mi trabajo, pero está vez les he obligado a dar un "salto de fe" porque este texto no es un tema de los que trato habitualmente y aun así han seguido confiando en mi decisión. Le escribí a Antonio un breve texto para explicarle la idea y su respuesta fue tan breve como contundente; "Por Orco, no hay problemas, lo hacemos".

A Manuel, de la Clínica Veterinaria Valls de Gandía, porque siempre que llevo allí a uno de mis "perretes" reciben un trato súper especial.

Por supuesto, no quiero olvidarme del hijo de la gran puta que abandono a Orco en aquel refugio, al fin y al cabo, su irresponsabilidad me dio un hermano.

A Sergio García Torres, Director General de la Dirección General de Derechos de los Animales, por su trabajo sin descanso para conseguir una ley estatal de protección animal y también la modificación del código penal y el civil para proteger tanto a los animales de compañía como a los animales salvajes.

"No me importa saber si un animal puede razonar. Solo sé que es capaz de sufrir y por ello lo considero mí prójimo"

- Albert Schweitzer-

Odile Rodríguez de la Fuente

Autora del libro: "Félix, un hombre en la tierra"

Acepto gratamente la invitación de Ricardo para escribir unas líneas en su libro "Yo Orco, viaje al corazón de un Perro Potencialmente Peligroso".

Me emociona comprobar cómo, cuarenta años después de la desaparición de mi padre, aun se le recuerda, pero, sobre todo, como su legado ayudó a cientos de miles de personas a mirar con otros ojos a la naturaleza y los animales.

Un claro ejemplo de ello lo encontramos en Ricardo. Su libro es una oda a la empatía, a desterrar prejuicios y a la defensa de los que no tienen voz. Como bien dice el autor del libro, el animal y sobre todo aquellos que domesticamos, son un reflejo del trato han recibido y del carácter de sus dueños. En el caso de los PPP, podemos aseverar que pesa más el entorno y la educación del animal que su genética.

Desafortunadamente a estos perros se les juzga más por la primera y tercera P (perros peligrosos) que por la segunda (potencialmente). Porque precisamente en esta potencialidad reside el carácter noble, leal e inteligente de estos canes. Quizá estas razas, más que ninguna, muestran una sensibilidad y conexión con sus dueños y entorno que las hacen, potencialmente, extraordinarios compañeros. Pero esa misma sensibilidad e inteligencia puede convertirse en un arma de doble filo, si no se encauza adecuadamente, desafortunadamente, como en tantos otros campos, preferimos encasillar y juzgar antes de educar y concienciar.

Este libro es fruto de una mirada profunda y enriquecedora y de un compromiso con contribuir a elevar el nivel cultural de la sociedad.

Te agradezco, Ricardo, que des continuidad a los valores que ejemplificó mi padre, aportando tu granito de arena a ensalzar lo mejor de nuestra especie.

"Los perros no van al cielo, porque cuando mueren, prefieren ser ángeles y cuidar-
nos, que pasar una eternidad sin nosotros"

El legado de un Ángel

En enero de 2016 comencé un proyecto en defensa de las razas mal denominadas potencialmente peligrosas ("PPP") titulado "Estoy con Thai" (www.estoyconthai.es)

El proyecto consistía en hacerse unas fotos simbólicas con Thai, su protagonista, -mi querida perra American Stafforshire Terrier- y escribir un testimonio sobre lo que significa la catalogación PPP y la situación que viven determinadas razas caninas debido a ello.

Pronto caló en el sector animalista y tuvo muchísima acogida, gracias a que cada vez hay más personas sensibilizadas con éste asunto.

Esther Cárdenas fue de las primeras personas en participar.

Conocía a Esther de las redes sociales, es una mujer que transmite fortaleza y constancia y que además defiende la causa que nos atañe.

Escribí a Esther y enseguida me respondió aceptando mi invitación a ser parte del proyecto.

Así es como conocí a Orco y su historia.

Orco era un perraco imponente, American Stafforshire también, aunque doblaba a Thai en volumen y presencia. Y todo lo que tenía de imponente lo tenía de bonachón,

¡Se tardaba una milésima de segundo en adivinarlo!

Esther y Ricardo me contaron cómo Orco llegó a sus vidas.

Orco era un perro que el Seprona encontró vagando junto con otro perro mucho más pequeño, un pequeñajo a su lado. Ambos se habían escapado y llevaban días deambulando.

Yo miraba a Orco mientras escuchaba su historia y me los imaginaba como Pumba y Timón, el jabalí y el suricato de la película el Rey León., caminando felices por el monte ajenos a todo.

La familia fue a la perrera a recoger al pequeño y aprovechó la situación para deshacerse de Orco, le regalaron un abandono de cuatro años ...

Así vivió Orco olvidado en un chenil de perrera durante cuatro interminables años hasta que la vida llamó a su puerta a través de Esther y Ricardo, sus adoptantes.

Esther y Ricardo automáticamente se convirtieron en "dueños PPP" una etiqueta terrible que acompaña a la raza de perro que elegimos tener.

Una parte de la sociedad no entiende que no existen razas peligrosas, que el único ser peligroso de la tierra es el ser humano.

Los perros son el fiel reflejo de la educación que reciben. Condenamos a las víctimas en lugar de protegerlas de sus verdugos. Menuda paradoja.

Para mí, Esther y Ricardo son dos héroes. Dos ejemplos a seguir, personas altruistas que dieron una oportunidad a un ser que difícilmente hubiera salido de aquel chenil.

No tuvieron prejuicios, vieron una vida necesitada de socorro y le tendieron la mano.

Y así es como Orco comenzó su nueva vida, pero no me toca a mí hablar de ello. Este maravilloso libro homenaje a nuestro querido protagonista irá desvelando capítulo a capítulo lo que aquel día comenzó en esa familia. Seguro que lo disfrutaréis y aprenderéis mucho de su historia.

A mí me toca dar las gracias a todas y cada una de las familias que no ceden a los prejuicios y brindan oportunidades.

A Esther y Ricardo por su ejemplo y lucha por estas razas.

Y a Orco, porque su nobleza es el mejor y más firme testimonio de todo esto.

GRACIAS

Loli Alcarria
(www.estoyconthai.es)

"Los perros me enseñaron que la fidelidad se demuestra todos los días y que no sólo las personas pueden enseñarnos grandes valores"

La lucha nos unió

Muchas veces la vida te pone a prueba en situaciones difíciles, cuando estás inmerso en ellas tienes dos opciones, hundirte o sacar fuerzas para salir hacia delante, además la vida en ocasiones te da la posibilidad de conocer a personas cuando estas en estas situaciones, y eso es lo que me pasó con Ricardo y Esther.

Nos conocimos en el mundo de la lucha contra las peleas de perros, un mundo cruel, en el que siempre pierden los que menos tienen que perder, que son los pobres perros, un animal fiel a su dueño que no conoce la palabra traición.

En este mundo por desgracia luchas contra viento y marea para conseguir un derecho que en teoría es básico…el derecho al no ser maltratado.

Casi el 90% del tiempo estás en una situación emocionalmente difícil y para estar dentro de esta lucha voluntaria tienes que estar dispuesto a dejar muchas cosas de lado y ser fuerte, es por ese motivo que es muy probable que todas las personas que están en este barco tengan la misma sinergia...y eso es lo que me pasó......

Soy Jaume Junque presidente de la asociación contra el maltrato animal Tarracosbull, hace ya unos años los casos nos desbordaban y decidimos hacer una campaña basada en las Artes Marciales y los Deportes de Contacto contra el maltrato animal, un breve resumen sería el poder encontrar apoyo en artistas marciales para la adopción de los perros potentes que rescatábamos, ya que normalmente necesitan deporte y disciplina, dos aspectos muy presentes en cualquier artista marcial, y ahí contacté con Ricardo Y Esther.

La sensación que percibí de humildad y predisposición a ayudar en la lucha fue máxima, y de ahí empezó una relación que quedará tatuada toda la vida.

Orco fue el que dio comienzo a una bonita acción que podéis leer en este libro....

Jaume Junque
Presidente de la Asociación contra el Maltrato Animal Tarracosbull

- 24 -

"Los que dicen - es solo un perro-, es porque miran solo con los ojos, si miraran con el corazón entenderían porque para muchos de nosotros son familia".

 Ricardo Diez Sanchis nace en Canals (Valencia), el 12 de enero de 1971.

De niño es su padre el que le inculca el amor por la lectura, y le regala un libro escrito por Jack London, en él se incluían dos de sus novelas: "La llamada de la selva" y "Colmillo Blanco", ese libro más las historias que le cuenta su padre sobre un pastor alemán que tenía su abuelo llamado Lobo, generan en él un deseo gigante por tener un perro en casa.

Ricardo, forma parte de una generación donde los dibujos animados se convierten en una forma de educar a los más peques, en televisión se emiten dibujos animados como "Jackie y Nuca", "El perro de Flandes" o la foquita "Sibert", y por supuesto, hay un programa de culto "El Hombre y la Tierra" del doctor Félix Rodríguez de la Fuente y eso aún acentúa más su amor por los animales y la conservación de la Naturaleza.

Cada semana se acerca al kiosco para hacerse con los fascículos coleccionables de Félix Rodríguez de la Fuente y el comandante Cousteau, sin darse cuenta y casi como un juego se iba empapando de conocimientos sobre los animales y eso le iba fortaleciendo en su respeto por cada uno de ellos.

Con doce años y animado por alguno de sus profesores se pone en contacto con ADENA y crea el Club Los Linces de Canals, también en los inicios de la radio local, presenta un programa llamado "Rainbow Warrior" en homenaje al emblemático barco de Greenpeace.

Es realmente asombroso pensar que cada una de esas experiencias te van dando valores que de adulto te seguirán acompañando.

También de niño, Ricardo ve en el cine la película: "El furor del Dragón" del legendario Bruce Lee y con doce años convence a su padre para que le inscribe en un gimnasio donde se imparten clases de Karate Shotokan, en aquel momento, era impensable pensar que las Artes Marciales iban a convertirse en su forma de vida.

En el año 1998 decide empezar a escribir sobre todo lo que había aprendido en los tatamis, manda artículos a todas las revistas especializadas, pero ninguno de sus textos es publicado, hasta que en noviembre de ese mismo año la revista "Inter Gym´s" publica por primera vez uno de sus artículos.

Poco a poco se va convirtiendo en un habitual de esta publicación, eso hace que el resto de publicaciones españolas piensen en él para que colabore en sus revistas y así Ricardo se incorpora al equipo de la revista "DOJO", también ahí se hace con unas páginas fijas cada mes, pero Ricardo sigue trabajando y también los lectores de Artes Marciales empiezan a encontrar sus trabajos en revistas como "El Budoka" o "Golden Dragón".

En el año 2001, la revista "Inter Gym´s" le concede el Premio Nacional al Mérito Deportivo "Inter Gym´s de Oro" por su labor de difundir y promocionar las Artes Marciales.

Pero probablemente sea el año 2003, el momento donde se consolida la trayectoria de Ricardo como escritor de Artes Marciales, en septiembre de ese año la Editorial Alas de Barcelona decide publicar su primer libro: "Bruce Lee, siempre" y con esta misma editorial coordina el especial de la revista "El Budoka" sobre Bruce Lee: "El Jeet Kune Do de Bruce Lee, treinta años después"

Incansable en sus objetivos, en la mente de Ricardo empieza a fraguarse una idea utópica, imposible, dirigir su propia publicación, durante meses se reúne con Alejandro Iglesias y el staff de S.H.O.O.T., y de esas conversaciones nace el plan de empresa de una revista dedicada exclusivamente a las MMA y deportes de contacto.

El proyecto es presentado a la Editorial Alas y en octubre de 2003 aparecía en los kioscos la revista "CROSSCOMBAT".

Durante el año 2005 Ricardo compagina su trabajo como director de CROSSCOMBAT con su incorporación al equipo de S.H.O.O.T. dentro del departamento de prensa.

Tras cinco años y veinticinco números en los kioscos de España, en noviembre de 2007 la revista "CROSSCOMBAT" desaparece, sin duda, ese fracaso queda grabado en la memoria de Ricardo, que no tiene más remedio que rehacerse y trabajar en nuevos proyectos.

En enero del 2008 se incorpora a la Federación Española de Lucha como responsable del departamento de prensa y en noviembre de ese mismo año, pone en marcha, la publicación oficial de esta federación, la revista "Al tapiz".

A finales de agosto de 2009 publica con la Editorial Wanceulen de Sevilla, su segundo libro: "Pelea" y a finales de ese mismo año, publica su tercer libro: "Cuando el Arte se convierte en Ciencia".

En el año 2010 vuelve a incorporarse a la empresa S.H.O.O.T., en esta ocasión, como Director de Expansión de esta franquicia y crea la revista "SHOOTERS", durante dos años trabaja en esta empresa abriendo un total de 28 academias.

En el 2012 empieza a entrena a su esposa, la luchadora profesional de MMA, Esther Cárdenas, un referente de las MMA femeninas en nuestro país, ese mismo año en marzo de 2012 es nombrado Vicepresidente de la Asociación Española de Pankration Athlima Helénico y es presentado para ocupar un cargo en la Confederación Iberoamericana de Pankration Athlima Helénico.

En 2015 junto a Esther crea el equipo X-treme Fighters, con sedes en Gandía y Sueca (Valencia).

En 2019 publica su cuarto libro: "Biomecánica en los Deportes de Contacto", libro avalado por la Federación Española de Kickboxing y Muay Thai (FEKM), la Federación Española de Luchas Olímpicas (FELODA) y la International Karate Organization Kyokushinkaikan (IKO Spain)

Y en enero de 2020 publica su quinto libro: "Compré un saco, ¿Y ahora qué hago?"

En la actualidad además de impartir clases de MMA y boxeo, como escritor trabaja con la Editorial Wanceulen de Sevilla y las revistas de Artes Marciales: "Cinturón Negro" y "DragónZ".

En el ámbito de la gestión deportiva trabaja con la Gracie Jiu Jitsu Network Europe (GJJNE), además de colaborar de manera puntual con la Federación Española de Kickboxing y Muay Thai.

Más de doscientos artículos publicados y cinco libros a sus espaldas, le dan la suficiente experiencia para afrontar un libro totalmente distinto a todo lo que había hecho hasta ahora, ajeno a las Artes Marciales, "Yo Orco" intenta cumplir con un objetivo importantísimo para cientos de personas que tienen como miembro de su familia un mal llamado PPP (Perro Potencialmente Peligroso), Ricardo cuenta su mágica relación con Orco y como este influye de forma tan positiva como enriquecedora y no solo le mejora como persona, sino que rompe en pedazos ideas preconcebidos que tenía sobre este tipo de razas.

Esperamos que este libro como mínimo os haga dudar de vuestras certezas, que os ayude a cuestionaros los conocimientos que habéis adquirido sobre los mal llamados perros potencialmente peligrosos por culpa de la prensa sensacionalista y os acerquéis a ellos sin ninguna idea preconcebida, lo que sucederá después, os va a sorprender, porque lo que realmente son está muy lejos de lo que la gente cree que son.

"Respecto a los perros: nadie que no haya convivido con uno de ellos conocerá nunca, a fondo, hasta donde llegan las palabras generosidad, compañía y lealtad"

- Arturo Pérez Reverte −

0.- Al final llegó el final

El lazo que me une a ti es único, jamás se romperá, aunque ya no estés conmigo.

El último fin de semana fue muy complicado, te movías poco de la cama y ya no comiste, sabía que el final estaba llegando, y fueron momentos muy difíciles para mí, porque no quería separarme de ti, pero tampoco pretendía hacerte sufrir de más.

Cada vez que me despertaba lo hacía con la ilusión y la esperanza de que hubieses mejorado de forma milagrosa, pero lógicamente eso no ocurría, el cáncer ya había ganado y lo único que estábamos haciendo era robarle tiempo al fatal desenlace, hacia justo medio año que había muerto nuestra princesa Xena y estaba otra vez viviendo la misma pesadilla, la misma desesperanza, esa sensación de estar luchando en una batalla perdida.

El lunes me levante a las cinco y saque a tu nueva hermanita Gorgo, tuviste poco tiempo para conocerla, pero cuando llegó a casa el primer día la recibiste como tu solo sabias, sin agresividad solo con alegría, ni te imaginas como te necesita y como te echa de menos, casi como yo, tenías tanto que enseñarle.

Tu preferiste quedarte acostado como estabas haciendo estos últimos días y yo respete tu decisión, aunque cada vez que me bajaba a la calle sin ti sentía como si algo dentro de mí se rompiera en pedazos.

Después del paseíto con Gorgo, me fui a dar unas clases y volví alrededor de las nueve y media, tu hiciste el esfuerzo de levantarte, llegaste hasta la cocina y bebiste agua, cuando te pregunte si querías salir, me dijiste que sí, pero cuando viniste hacia mi te caíste, incapaz de dar un solo paso más, en aquel instante supe que había llegado el momento.

Te cogí en brazos y bajamos al coche, para poder abrirlo te dejé de pie junto a mí, pero te derrumbaste, ya no te sostenías, y yo me derrumbe contigo, abrí el coche y te deje despacito en el asiento de atrás, con toda la suavidad que pude, quería que sintieses que para mí eras lo más, te fui hablando durante todo el camino, te conté como nos conocimos y que no sabía que hacer contigo la primera vez que llegaste a casa y que ahora no sé qué haré sin ti.

Nadie está preparado para ver morir a su mejor amigo, no hay nada más difícil que ese último viaje al veterinario, aparqué el coche y te cogí en brazos, entre a la clínica sabiendo que cuando cerrara la puerta no habría vuelta atrás y que después de unos minutos saldría para volver a casa solo…sin ti.

Estuve a tu lado hasta el final, fue duro, pero tenía claro que era lo que tocaba hacer, demostrarte que el compromiso, hasta que la muerte nos separé, era inquebrantable.

Cuando descansaste pedí quedarme contigo unos minutos y fue allí donde te hablé por primera vez del libro, uno que contaría la historia de un perro único que un día dejo de ser perro para convertirse en eterno. Te bese, te mordí, te apreté las almohadillas y te abrace, sabía que luchamos hasta el final a pesar de que la derrota era segura.

Mi padre siempre me decía; "La muerte es un rival tan fuerte, que te da una vida de ventaja y siempre termina cogiéndote", él también perdió contra un cáncer.

Fui caminando hacia el coche, tuve la sensación de que iba caminando solo, sin gente, el ruido habitual de la calle lo oía como muy al fondo, todo alrededor parecía moverse a cámara lenta, subí al coche, necesité unos minutos antes de poder arrancar, como si de forma inconsciente me negara a irme de allí.

Bucear en la memoria para recobrar esos buenos momentos vividos juntos, esos recuerdos imborrables de cómo sin querer me rescataste en un momento malísimo para mí, te agradeceré siempre que decidieras adoptarme, es imposible expresar solo con palabras todo lo que hiciste aflorar en mí.

De ese viajar por mis recuerdos, nace este libro a modo de redención, como sincero homenaje, con el firme propósito de volverte inmortal.

Sé que ya no volveré a girarme y me encontraré tus ojos clavados en mí, con esa mirada cariñosa y serena que tú me regalabas, a mí siempre me pareció la mirada más bonita del mundo, en ella descubrí pureza, amor y ternura.

Ya nada será lo mismo, ¿sabes? Yo soy mejor persona desde que te conocí, y aun te diré más, nuestras ultimas horas juntos y el ratito en el veterinario antes de dejarte marchar, de ayudarte a descansar, ha sido uno de los momentos más difíciles de mi vida, ya no soy el mismo, la vida sin ti se hizo un poquito menos vida.

Te quiero como pocas veces en mi vida he querido. Sin condiciones, sin vacilar, sin aparentar, encontrarte fue complementarme y doy gracias a la vida por ello.

El tiempo que estuvimos juntos intente ser tan bueno como tú te merecías y es cierto que muchas veces falle, después de todo solo soy un ser humano no un perro como tú, de hecho, nunca me esforcé en que fueras cada vez más humano, al contrario, perseveré y lo sigo haciendo para ser yo cada día más perro.

Te fuiste el lunes, 9 de marzo de 2020, apenas unos días después, España entraba en un estado de alarma por culpa del COVID-19, eso me obligo a estar dos meses sin poder salir y el sufrimiento fue mayor, muchas mañanas me desperté pensando que estos días en casa contigo hubieran sido más sencillos, ¿te imaginas durante veinticuatro horas juntos? ¡que gozada! A día de hoy, aún hay ocasiones en las que me levanto pensando en ti y cuando soy consciente que no estas, me recorre un escalofrió por todo el cuerpo que me sigue atormentando, que me sigue entristeciendo.

Esta es mi historia, un trepidante viaje desde el miedo irracional al amor incondicional, fue especialmente duro sentarme frente a la pantalla del ordenador, las lágrimas se deslizaban por mi rostro, era imposible controlarlas, cada una de ellas era un sincero homenaje a tu memoria, a esa vida que vivimos juntos, a ese juramento matrimonial que nos hicimos: "Hasta que la muerte nos separe", cada línea de este libro dolió, cada página fue un exigente ejercicio de contención, pero tu merecías este esfuerzo.

Ahora cuando siento que algo en mi vida falla, inclino la cabeza y miro mi mano derecha y me encuentro tu cara tatuada y recuerdo que nos tenemos el uno al otro y que el resto es solo ruido de fondo.

Por favor, acompañarme en este recorrido, haced a mi lado este pelegrinar, seguramente por mis sentimientos más puros y sinceros, aprended las enseñanzas de esta senda… YO ORCO, viaje al corazón de un Perro Potencialmente Peligroso.

"La grandeza de una nación y su progreso moral pueden ser juzgados por la forma en que sus animales son tratados"

- Mahatma Gandhi -

1.- Tarracosbull

A finales del 2014, Esther se había convertido en un referente de las M.M.A. en nuestro país, además de los éxitos que había obtenido en el ámbito deportivo, estábamos viajando por toda España impartiendo seminarios y tanto los medios de comunicación como empresas del sector de deportes nos llamaban para entrevistarla o bien plantearnos formas de patrocinio.

Una de las llamadas que recibimos a finales de octubre de ese mismo año fue de Jaume (Fundador de Tarracosbull)

Tarracosbull, es una organización sin ánimo de lucro, que trabaja para erradicar de nuestro país las peleas de perros.

De Jaume, me llamo la atención el entusiasmo y el compromiso que tenía con la causa que defendía, me aporto datos e información de un mundo que para mí era totalmente desconocido, de hecho, y pido disculpas por ello, ignoraba totalmente que en España se pudieran estar realizando Peleas de Perros, es más, como nos pasó a muchos, creía que existían razas de perros extremadamente peligrosas, joder, como me avergüenzo cada vez que recuerdo como fui manipulado por una parte de prensa sensacionalista que estaba estigmatizando gracias a mentiras a unos "perretes" solamente por ser de una determinada raza.

El motivo de la llamada de Jaume era que Esther se pusiera una camisa de Tarracosbull para poder compartirla en sus redes sociales, le dije que hablaría con ella, pero que no habría ningún problema, que enviara la camiseta que Esther se la ponía y hacíamos la foto.

Después de los entrenamientos le comenté a Esther la llamada de Jaume y su propuesta y por supuesto, no me puso ningún inconveniente, bueno si, uno.

Cuando llegamos a casa me pregunto si no me parecía ridículo que tuviese que ponerse una camiseta para pedir a la gente que ayudará y ella limitarse a eso solo, me dijo que le parecía hipócrita y me pidió que volviera a llamarle y que le preguntara de qué forma podríamos ayudar.

Hable de nuevo con Jaume y me explico que existía la posibilidad de realizar viajes solidarios, estos consisten en llevar a un "perrete" de una ciudad a otro, la idea me gusto y le comenté que si salía algún viaje desde Valencia hacia otro sitio que Esther y yo podríamos hacerlo.

Habían pasado apenas unos días y recibí una nueva llamada de teléfono, era Jaume, había un perro en un refugio de Valencia, concretamente en "Gossos d´Alpe en Sollana que tenía que viajar a Madrid, así que me preguntó si podíamos llevarle nosotros.

Por supuesto, le dije que sí, y ese fue realmente mi primer contacto con los mal llamados, Perros Potencialmente Peligrosos o PPP.

Sollana se encuentra muy cerca de Gandía así que antes de ir a recoger al perro, Esther y yo decidimos hacer una visita para conocer a los responsables y ver e primera mano la realidad de un refugio de perros.

Sinceramente la experiencia fue abrumadora, durísima.

Viviendo de espaldas a la realidad nunca podía imaginar la cantidad de perros que hay abandonados y han sido maltratados y un dato que desconocía a pesar de que en mi casa siempre hemos tenido perros, siempre de raza pastor alemán, la Comunidad Valenciana es una de las comunidades españolas donde más peleas de perros se organizan, Manu y Make, nos explicaron un poco como se preparan y organizar este tipo de peleas, y sinceramente no daba crédito de la crueldad de algunos hijos de puta y que además eso ocurriera tan cerca de nosotros y no nos enterásemos.

Nos dieron una vuelta por el refugio, el ruido era ensordecedor, todos los perros ladraban a la vez y cada uno de ellos tenía una terrible historia.

Yo fui pasando por las jaulas, una a una, rápido, como queriendo escapar de la realidad que estaba viendo y me abrumaba, de repente Esther me toco el hombro y me saco de aquel trance, recuerdo su pregunta a la perfección:

- Ricardo, ¿has visto al perro que hay en la primera jaula?

Sinceramente, estaba seguro que lo había visto porque fui una por una, pero no lo recordaba, así que volvía para atrás para echar un vistazo.

Allí sentado, sin ladrar, era el único perro que no lo hacía, había un perro imponente, marrón y blanco, bajito de altura, pero fuertísimo y un cabezón más grande que el mío.

Esther le preguntó a Manu por él, era un American Stanford, que le habían puesto el nombre de Orco, nos comentó que estuvo dos meses vagando por las calles, hasta que el Seprona lo cogió y lo llevo al refugio y que en aquel momento llevaba cuatro años allí, pero que el trato que tenía era diferente al resto de perros.

Manu, nos comentó que era un perro muy especial, que no quería darlo en adopción por si caía en malos manos y lo que hacía es que algunos fines de semana se lo llevaba a casa y de vez en cuando visitaban colegios con él para que los niños vieran que este tipo de perros no eran crueles asesinos.

Aquel día Esther se enamoró de ese perro, fue amor a primera vista, pero sinceramente, mi sensación era contradictoria, por un lado, quería colaborar y ayudar, pero al mismo tiempo y "contaminado" por las noticias que salían cada cierto tiempo en prensa, me daban mucho miedo ese tipo de perros.

Nos fuimos del refugio totalmente abatidos, fue un tremendo golpe de realidad, cientos de perros en España son maltratados, ocurre en todas las ciudades de España y nosotros no somos conscientes de eso.

En el coche, mientras volvíamos a casa, Esther me hablaba una y otra vez de aquel perro "chuleta" que no ladraba y se llamaba Orco y en aquel viaje de vuelta me planteó por primera vez la posibilidad de adoptarlo, le dije que teníamos que pensarlo bien, vivíamos de alquiler y quizás meter un perro en casa nos podría traer problemas con la propietaria.

La realidad es que mi mayor problema es que le tenía pánico a ese perro.

Apenas unos días después volvimos al refugio, teníamos que llevar a un perro, que había sido utilizado para pelear y que le habían cortado las orejas a ras de la cabeza a Madrid.

Al entrar Esther lo primero que hizo al llegar al refugio fue a la famosa primera jaula donde estaba Orco, al llegar se quedó sorprendida ya que el "perrete" no estaba allí, como si de un automatismo se tratara lo siguiente que hizo fue preguntarle a Manu, responsable del refugio, si lo había dado en adopción, este le respondió que no, que debía estar ahí, abrió la jaula y miro, pero efectivamente allí no estaba, entonces recordó que el día anterior lo había sacado a una especie de jardín con césped que tenían para soltar a los perros y que como Orco no ladra igual se le había olvidado entrarlo a la jaula después de acabar con las tareas que el refugio exige a diario.

Fue hacia el césped y efectivamente allí estaba el Orco tranquilamente acostado, le abrió la puerta y salió corriendo hacia donde estábamos nosotros, nos advirtió que no nos preocupáramos que no hacía nada.

Orco tenía la costumbre de hacer una especie de ladrido o aullido no se realmente como explicarlo, pero era en señal de alegría, su forma de saludar.

Imaginaros un perro de cuarenta y cinco kilos corriendo cara a ti y tu recordando cada uno de los titulares sensacionalistas que habías leído una y otra vez sobre estas razas.

Yo estaba totalmente asustado, le toque la cabeza con la punta de dos dedos, disimulando, creo que todo el mundo se dio cuenta de que si llega a bostezar: "Me cago".

Esther volvió a decirme que lo podríamos adoptar y yo lo único que pensaba es que Manu se lo llevara de nuevo a la jaula.

Encerró al Orco y nos sacó a "Ali", el perro que teníamos que llevar a Madrid, Manu lo llevaba atado y me lo subió al maletero, entramos al coche, yo tenía cero experiencias en este tipo de perros, pero tanto Esther como yo estábamos dispuestos a colaborar.

Iniciamos el viaje y a escasos minutos de pasar Valencia el coche olía muy mal, pensábamos que era un "pedo" de "Ali", abrimos las ventanillas, pero el olor no se iba, así que en una estación de servicios decidimos parar.

Nos vimos obligados a abrir el maletero para ver qué había pasado, lo hice yo, la abría a cámara lenta, esperando que unas terroríficas fauces abiertas me arrancarían la mano de cuajo, pero no, el animal se había cagado en el maletero, yo baje a "Ali" y Esther pidió papel en la gasolinera que amablemente nos dieron.

Esther limpio lo mejor que pudo el maletero, mientras tanto "Ali" no dio ni una sola muestra de agresividad, ni de intentar morder, al contrario, se mostraba sumiso y con ganas de recibir una caricia o cariño por parte nuestra.

Proseguimos el viaje y llegamos a Madrid, mientras esperábamos a la persona que tenía que recogerlo allí lo bajamos, le hicimos andar un poco y por supuesto, el perro, no hizo ni un solo gesto violento o cualquier otra cosa que hiciera que yo pudiera catalogarlo como potencialmente peligroso.

Ese fue mi primera experiencia con un PPP, "Alí" nunca olvidare ni su nombre, ni su historia, él fue la primera prueba de que quizás la prensa exageraba sobre estas razas, aun así, yo tenía muchas dudas sobre este tipo de perros.

De Madrid a Valencia volvimos satisfechos, pensando que habíamos contribuido a cambiar la vida de un perro que viajaba para encontrar una familia, hablamos de Jaume y de su entusiasmo defendiendo su causa y por supuesto, hablamos de Orco, de ese perro que había enamorado perdidamente a Esther.

Llegamos a casa y llamamos a Jaume para decirle que "Ali" ya estaba en Madrid, él nos dio las gracias y nos comentó que nos llamaría de nuevo porque estaba a la espera de recibir unas cámaras de seguridad que quería que le lleváramos al refugio para evitar que entraran a robar a los perretes.

Solo unos días después recibimos en casa un paquete con las cámaras, así que llame a Manu y quede con él para el sábado.

Nos acercamos a llevarle las cámaras y como siempre que íbamos dimos una vuelta para ver a los perros, mientras veíamos a los perros, Manu, nos iba contando la historia de cada uno de ellos.

Y volvimos a pararnos en la jaula número uno, y Manu nos la abrió y allí aparecía como siempre corriendo y ladrando el Orco, yo cada vez le tenía menos miedo, la verdad, y otra vez, Esther me dijo de adoptarlo y en está ocasión Manu, que era reacio en darlo en adopción se sumó a esa sugerencia:

-   *"Ricardo, en el maletero de tu coche sobra sitio para llevártelo"*

La cosa se me complicaba, así que acepte a llevármelo, os prometo que en aquel momento no lo tenía nada claro.

"Maldigo, con la más rotunda de las maldiciones a quienes abandonan a un perro. Les deseo que un día sean ellos abandonados. Por egoístas despreciables. Por posponer a un ser vivo, dependiente, amable en estricto sentido, generoso y fiel. Por enseñar a su prole a maltratar a quien se debe proteger. Por rescindir una relación cuando le parece conveniente, por hijos de la gran puta. Con perdón".

- Antonio Gala -

2.- Y al final, me convencieron... ¡Socorro, adopte un Devorador de Hombres!

Recuerdo perfectamente aquel viaje de vuelta a casa y, sobre todo, el paseíto desde donde aparque el coche hasta casa.

Era el 7 de diciembre de 2014, aparcamos el coche en el parking que hay en el recinto ferial de Gandía, desde ahí y con el perro atado y con el bozal colgando porque intente ponérselo y no sabía ir con él, intentaba quitárselo con las patas y lo rozaba contra el asfalto, cruce un puente súper característico y conocido aquí para llegar a casa, entonces vivíamos en una calle peatonal siempre llena de gente.

No os imagináis la tensión con la que iba con el perro, iba pensando: "Por favor, que no se cruce ningún otro perro o un niño", ahora me siento ridículo, pero en aquel momento, que mal lo pase.

Llegamos a casa, lógicamente sin ningún incidente, pero la verdad es que para mí cada vez que salía a pasearlo, o volvíamos a casa después de entrenar, tenía en la cabeza de que algo malo iba a pasar, no confiaba nada en él.

En casa mis padres siempre habíamos tenido perros de la raza pastor alemán y además comprados desde que eran cachorros, les tirabas una pelota y se volvían locos detrás de ella, así que decidí comprar una pelota para Orco.

Le llame, vivíamos en un ático gigante, con un pasillo casi infinito, Orco, como siempre obediente vino, le lance la pelota de extremo a extremo el pasillo, él la miro y se sentó a mi lado, nadie le había enseñado a jugar, no entendía que pretendía yo con aquella pelota.

Los días fueron pasando y Orco seguía manteniendo una actitud distante con nosotros, abrías la puerta de casa y él no se movía del sofá, era un comportamiento extraño para mí, aunque reconozco que entiendo muy poco de perros, pero en comparación con los otros que había tenido su actitud era como mínimo peculiar.

Recuerdo un domingo que me encontraba bastante fastidiado, me dolía todo el cuerpo y tenía unas décimas de fiebre, le pedí a Esther que bajara ella al Orco, así yo pasaría el domingo en cama con la idea de empezar la semana de entrenamientos y clases medio bien.

Esther lo llamo para ponerle el arnés y él acudió rápido, contento como siempre, nada hacía presagiar que justo en ese paseo iba a sorprendernos a los dos.

Yo en la cama que estaba al final del piso, justo donde terminaba el interminable pasillo, los oía como muy lejos, mi estado febril, me obligaba a cerrar los ojos, tuve la sensación de que habían pasado apenas unos segundos, cuando volvía oír la voz de Esther, como en un sueño, como en un mal sueño.

Me desperté sobresaltado, tenía claro que Orco había atacado a otro perro, que se había abalanzado sobre algún transeúnte, íbamos a tener problemas serios seguro, recuerdo que el corazón me iba a mil por hora, Esther entro en la habitación, casi a gritos le pregunte qué había pasado y ella me dijo que a Orco le pasaba algo, porque no quería andar.

- *"Le he mirado las almohadillas, le he tocado las patas, no se le ve nada, pero algo tiene que tener porque se queda parado y se niega a andar".*

La verdad es que, entre la fiebre, que estaba recién despertado y el susto, lo único que se me ocurrió fue vestirme y decirle a Esther que bajaba yo también con ellos, al menos, Orco no había atacado a nadie pensé, como mucho sería cuestión de llevarlo al veterinario al día siguiente.

Recorrimos el pasillo de nuevo, llamamos al ascensor y llegamos a la calle y … ¡Milagro! El Orco andaba con normalidad, ¡gritad conmigo A-L-E-L-U-Y-A!

Esther y yo no entendíamos nada, nos mirábamos con asombro, no dábamos crédito de lo que estaba pasando, Orco, no mostraba ni un ápice de cojera, no parecía tener ni una sola molestia, la pregunta era lógica: ¿Qué le ha pasado hace apenas unos minutos?

Esther llevaba al Orco, yo iba al lado, le dije que iba a ralentizar la marcha, quería ver si desde atrás podía detectar algún problema en sus patas.

Yo pare, ellos continuaron caminando y se fueron alejando, cuando Orco se dio cuenta que yo no estaba, se paró, Esther intentaba tirar de él, pero estaba falcado contra el suelo, yo acelere mi ritmo hasta que llegue hasta ellos y Orco, como si fuera magia, volvió a andar, lo probamos varias veces y cada vez que él no me tenía cerca se paraba y se negaba a andar, ¡¡¡estaba flipando!!!

En esos momentos me sentía el tío más especial del mundo, me sentía súper importante, muy feliz y sentí una conexión con ese perro como no había sentido nunca con ningún otro de mis perros, en aquel instante me ganó para siempre, nunca más volví a desconfiar de él.

Desde aquel día y hasta que la muerte nos separó, siempre andamos juntos, no paseaba con nadie que no fuera yo, bueno otro podía llevar su correa, pero si yo estaba al lado, sino se negaba a avanzar ni un solo centímetro.

A eso los humanos lo llamamos…Lealtad.

"Cuanta más gente conozco, más quiero a mi perro"

\-   **Groucho Marx-**

3.- Las Peleas de Perros en España

Muchos españoles viven ajenos a esta realidad, parece que es un delito invisible hasta para la propia policía, se organizan en círculos totalmente herméticos, utilizan el miedo para amedrantar y se enfrentar a una legislación laxa y a unas autoridades que en muchas ocasiones ni tienen los medios ni les parece suficientemente importante como para poner los recursos necesarios, al fin y al cabo, para muchos, desgraciadamente no son más que perros.

Tenemos que tener en cuenta que en un país como España hasta el año 1995 el maltrato animal ni siquiera estaba contemplado como delito en nuestras leyes.

Las Peleas de Perros tienen muchas más víctimas de las que creemos, las primeras por supuesto, los propios perros, normalmente de raza Pitbulls.

Pero las familias que no tienen está raza de perros también deberían preocuparse y luchar por la total desaparición de estas peleas en nuestro país, hay que conocer muy bien cómo se "entrena" a estos perros para que finalmente se peleen entre ellos.

Indagar en el mundo de las peleas de perros es adentrarse en una auténtica galería de los horrores.

El maltrato de los perros utilizados en estas salvajes practicas comienza desde que son cachorros, cuando son "educados" mediante crueles y salvajes técnicas con el fin de fomentar su agresividad y fortaleza física, la tortura y el sufrimiento son continuos, la vida de estos "perretes" es muy corta, los que ellos no consideran "aptos" mueren por el ataque de otros perros, o el propio dueño les da una paliza y se deshace de ellos.

En España el pitbull abanderado de esta lucha fue Yark, él se negó a luchar así que le dieron una paliza y lo abandonaron, el "perrete" quedo paralitico, pero tuvo la suerte de sobrevivir y encontrar una familia que le dio todo el cariño que merecía hasta los últimos días de su vida, por supuesto, y a pesar del maltrato, Yark fue capaz de adaptarse a la nueva vida con su familia sin dar ni una sola muestra de agresividad.

Por otro lado, los perros "aptos" para pelear si no son rescatados a tiempo, no suelen duran más cuatro o cinco combates, así que ganen o pierdan están condenados.

Aunque la raza principal de este maltrato es el Pitbull, hay otras que tambén quedan muy expuestas como el American Stafforshire, o el Bull Terrier, por supuesto, otras razas o mestizos que son utilizados como sparring y que son robados a sus familias.

A un cachorro de Pitbull con muy pocos meses le llevaran un "rival" sencillo de vencer, para eso robaran un perro de raza pequeña, tipo Caniche, Chihuahua, Yorkshire o similar para que el cachorro lo destroce con tremenda facilidad, esto le hará confiar más en él, mientras tanto al margen del sparring el maltrato será continuo, le pegaran a diario, comerá y beberá poco, le gritaran, permanecerá encerrado, la idea es quebrantarle hasta la mismísima alma.

Tal como el cachorrito de Pitbull vaya creciendo sus sparrings serán más grandes, pero tampoco serán rivales para él, para esta ocasión los perros elegidos serán Pastores Alemanes, Labradores Retriever, ese tipo de tamaños.

Es obvio, pero si os hacéis la pregunta de cómo consiguen los "rivales" para sus perros, la respuesta es tan dura como las propias peleas… los roban.

Según datos de la Guardia Civil, unos 400 perros de los 2.000 o 3.000 perros que son robados anualmente se destinan a sparrings de peleas.

¿Os imagináis a un perro acostumbrado a vivir en casa con una familia? Durmiendo en una cama blandita, disfrutando de los cariños y los mimos de su familia y de repente, es arrancado de ahí para ser lanzado para enfrentarse en una pelea desigual y donde no tiene ninguna forma de sobrevivir, ¿Sois capaces de imaginaros a que estrés es expuesto? ¿Cómo se sentirá en esos momentos?

Pues cada uno de esos sparrings es otra de las víctimas, él y sus familias, porque los que tenemos perro en casa lo consideramos como un miembro más de la familia.

El objetivo final de estos "entrenamientos" es enfrentar a Pitbull contra Pitbull, es tal su fidelidad que, por conseguir la aprobación de su dueño, el animal luchara hasta la muerte, muchas veces los perros no mueren por las heridas producidas por los mordiscos, sino que su corazón estalla porque lo llevan al límite.

La organización Tarracosbull fundada por Jaume Junque lleva trabajando para intentar abolir las peleas de perros en nuestro país desde el año 2004 e hicieron un informe sobre los datos que ellos han ido recopilando.

Ellos nos hablan de tres tipos de perfiles de personas que organizan o participan de alguna manera en la organización de las peleas de perros.

En primer lugar, encontramos a chavales jóvenes, incluso menores, de un ámbito social bastante marginal, que, en parques o zonas poco transitadas, ponen a pelear a sus perros por las noches, normalmente pueden ser robados o criados en sus propias casas, e incluso comprados muy baratos por internet.

Ellos son principiantes que normalmente no hacen apuestas, o si las hacen son de muy pocas cantidades o bien simples trueques por objetos robados o drogas.

De esos, desgraciadamente hay muchísimos e incluso podríamos decir que van en aumento, dado que hay muchas zonas marginales donde la policía no actúa, y menos por animales, y además la tasa de paro en nuestro país también influye.

Luego nos encontramos a los que se dedican exclusivamente a robar perros porque tienen contacto con gente que les paga por perros, pueden llegar a dedicarse a eso, y también se detecta que va en aumento. Ellos pueden robar otras cosas, pero sus objetivos principales son perros para poder entregarlos a dos tipos de personas:

- El camello que le pasa droga y además como "hobby" pelea perros, de esa forma se garantiza tener droga gratis.
- Gente que directamente se dedica a la pelea de perros.

Tenemos otro estereotipo que es el que tiene sus propios perros, tienen machos y hembras, los crían, seleccionan y los pelean.

Ellos raramente robaran perros de presa, no los necesitan porque ya tienen los suyos y no corren riesgos, pero si pueden robar perros como sparring.

Normalmente ya no lo hacen en la calle, organizan sus peleas en casas o garajes para evitar ser vistos, aquí ya suele haber apuestas de cantidades económicas importantes.

Y luego, vendrían los "profesionales" o vamos hablar con mayor propiedad, las mafias.

Actúan en naves de su propiedad, que pueden llegar a ser negocios legales que funcionan de día. Normalmente allí también los crían, pueden vender armas o drogas, e intentar pasar lo más desapercibidos posible.

Tienen infraestructura y hacen apuestas increíbles, también dan la opción de alquilar perros para una sola noche, eso hace que tengan muchos perros en propiedad para pelear.

Raramente robaran perros ellos, pero si es verdad que tienen dos vías de adquisición, una la cría propia y la otra de sus enganches de confianza, que son personas que jamás van a las peleas por si algún día los detiene la policía y hablan, pero que siguen en contacto con alguna persona de confianza de la organización y cuando tienen algún perro para vender les llaman por si les interesa.

Con estos datos podemos llegar a la conclusión que el artículo 337 del Código Penal tras la reforma del 2015, se ha quedado corto en cuanto a las penas a imponer a quienes son condenados como autores de este repugnante delito.

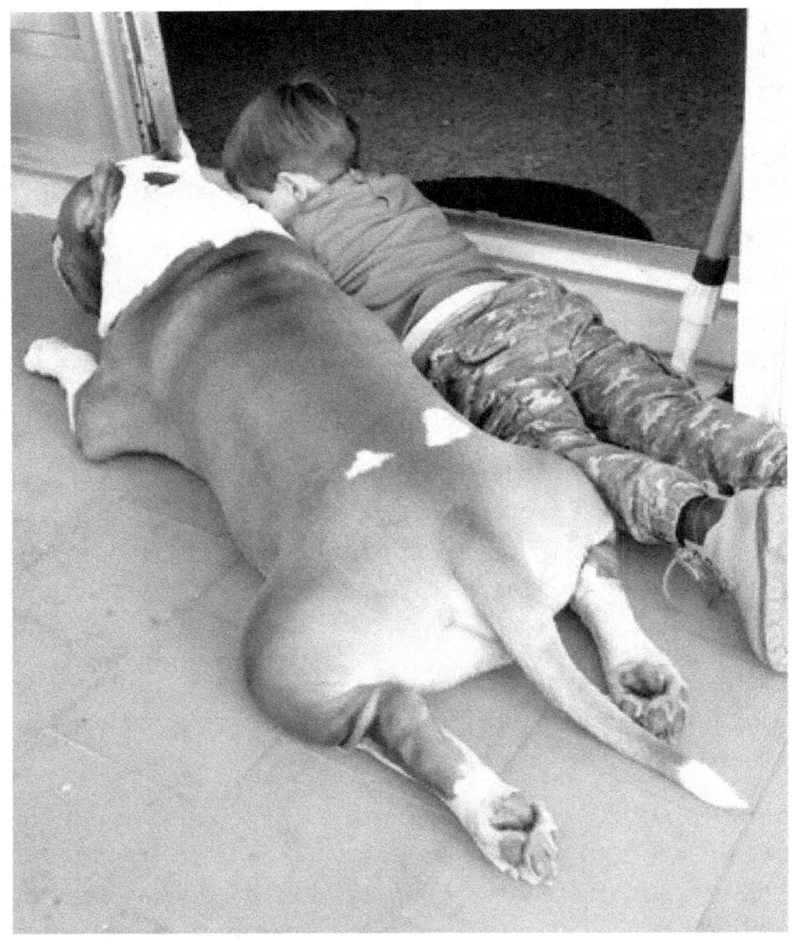

"Quien alimenta a un animal hambriento alimenta su propia alma"

- Charles Chaplin-

4.- Dejad que los niños se acerquen a mí

Me ha salido un título bíblico para este capítulo.

Un viernes por la tarde salí con Orco y pasamos justo delante de una de esas hamburgueserías que siempre están llenas de niños, aquel día no fue diferente, por supuesto, Orco ya estaba con nosotros unos meses, pero no os voy a mentir, yo seguía tomando muchas precauciones por si acaso, aun lo paseaba con cierta tensión.

La verdad es que no me di cuenta, sino hubiera evitado pasar justo por la puerta, la verdad es que tiendo a ir despistado, por mi trabajo me paso el día rodeado de gente y los paseos con los perros que he tenido siempre me han servido para evadirme, para desconectar un poco, así que cuando levante la vista había alrededor nuestra, más de veinte niños, eran unos scouts que estaban de merienda con algunos monitores, los niños tendrían entre cinco y nueve años.

Antes de que pudiera darme cuenta estábamos rodeados, los niños tocaban al Orco, tenía más de diez manos encima a la misma vez y la verdad es que eso a mí me agobio bastante, intentaba disimular, pero estaba muy tenso, ya tenía claro de que era muy buen perro, pero no sabía si tanta gente encima podría desestabilizarle.

Le mire a él, estaba encantado, intentaba agradar a todos, llegaron los monitores y se sumaron a decirle cosas a Orco, así que me relaje y disfrute de la escena, como me hubiese gustado hacer un video en aquel momento para poder compartirlo en redes sociales y mostrar que había una ley injusta estigmatizando a este tipo de perros sin ningún tipo de rigor científico.

Orco tenía una especial predilección por los más pequeños, le llamaban la atención, imagino que era capaz de intuir su fragilidad, le gustaban los bebes, se esforzaba por intentar saludarles, le encantaba jugar con perros más pequeños que él, era algo que llevaba y que al menos nosotros no le enseñamos.

En una ocasión vino mi hermana María del Mar con su marido y mi sobrinito Hugo, al peque le gustan muchos los perros y cuando vio al Orco se pasó toda la tarde detrás de él, jugaron juntos se echó al suelo con él y compartieron merienda, era un trocito de bocadillo para él y otro para el Orco, esa tarde fue especial para Hugo y especial para el señor Orco.

Le he visto muy pocas veces enfadado, de hecho, creo que nunca, en algún momento ha gruñido a algún perro que se estaba equivocando con él y ha cogiendo un papel que no le correspondía, un solo gruñido y todo aclarado, entre ellos se entienden.

Cuando nos llevamos a Orco a casa recuerdo una frase que me dijo Manu, del refugio "Gossos d´Alpe": "Orco no te va a empezar ninguna pelea, pero si quiere las acabara todas".

Nunca hizo un gesto más allá del sutil aviso para aclarar que algunos limites no tienen por qué pasarse.

*"Hay palabras que nos cambian la vida…
pero hay ladridos que nos cambian el alma."*

- Jean Lacroix -

5.- La ruta de los bares

Orco era un perro muy especial, me habían advertido todos los del refugio y yo lo había descubierto conviviendo a diario con él.

Cuando llego a casa vivíamos en una de las calles peatonales que hay en Gandía, una calle llena de tiendas y bares, a pesar del acoso que sufríamos por parte de la policía local y nacional cada vez que lo paseaba, porque, aunque conocía la estúpida ley sobre los PPP, me negaba a ponerle el bozal, teníamos que pasar por ahí antes de poder llegar al parque, no teníamos otro remedio.

Cada vez que salíamos, me llamaba la atención la forma que tenia de mirar Orco los sitios, realmente era como si intentara memorizar o acordarse de por dónde pasábamos, pensé que sus meses deambulando solo con su cachorrito cuando escapo de su antiguo propietario le habían enseñado a prestar más atención a los coches, era como si buscara referencias para no perderse y realmente y sin ser un especialista en comportamientos caninos lo asocie a esa experiencia.

Llegábamos al parque, hasta ahí todo normal, y dábamos la vuelta como lo hacía cualquier otra persona que llevara perro, pero la vuelta era brutal, a pesar de llevarlo atado yo le dejaba que él me guiara.

Y ahí venia lo que le convertía en un perro totalmente diferente al resto, él iba mirando e iba girando, yo con la correa relajada solo andaba tras él, calle a calle, una esquina tras otra, me llevaba hasta un bar, Mercado Provenzal, allí buscaba una mesa vacía y se paraba, la verdad es que era tan gracioso que le hacía caso y nos sentábamos, nos tomábamos algo, mientras él se acostaba tranquilamente en la terraza y simplemente miraba pasar a la gente. Totalmente tranquilo como disfrutando de aquel momento, saboreando esa libertad que durante cuatro años le había sido arrebatada porque un hijo de la gran puta decidió que ya no lo quería.

La parada en el bar era diaria, se volvió rutina, su paseíto y el descanso obligado.

Orco, era tremendamente guapo, su belleza solo podía compararse a su buen carácter, era un perro equilibrado, sin miedos, y que le gustaba el contacto con la gente, disfrutaba cada vez que alguien se acercaba hasta él.

Por su aspecto y su carácter pronto se hizo popular en el barrio, cuando estábamos en la terraza se acercaban muchas personas, incluso con nenes para hacerse un selfie con él y como si lo supiera se sentaba al lado de la persona que pedía la foto para que pudiera hacerla con facilidad.

Pero no todo fueron experiencias positivas, recuerdo una concretamente que el fulano que la protagonizo seguramente nunca sabrá lo expuesto que estuvo, el peligro que corrió, exigió que le pusiera el bozal a Orco para estar en la terracita del bar, justificó su petición en que era un PPP, no se estaba dando cuenta que Orco no era peligroso, la verdadera amenaza era yo.

No recuerdo con exactitud la fecha, pero estoy seguro que era sábado, Esther y yo nos habíamos levantado muy pronto, teníamos la idea de dar una buena caminata junta a Orco y desayunar en el bar unas buenas tostadas y unos cafés con leche.

Llegamos a la terracita alrededor de las once de la mañana, recuerdo que había una mesa ocupada, una pareja con un bebe casi reciente nacido, así que nosotros decidimos dejar una mesa vacía y ponernos en la siguiente, Esther entro en el bar para pedir el desayuno, bueno, a esas horas era más bien el almuerzo, Orco y yo nos sentamos, él venía muy cansado y decidió acostarse debajo la mesa, de repente el tipo de la otra mesa vino hacia la nuestra, al principio no le di importancia, en aquel barrio eran muchos los que se acercaban a nosotros para hacerse una fotillo con Orco, pero realmente me sorprendió, me pidió que mientras estuviéramos en la terraza del bar que le pusiera el bozal, tarde unos segundos en reaccionar, no esperaba esa actitud, cuando estábamos muy lejos de ellos y Orco estaba muy cansado y tranquilamente tumbado, por no decir, que estaba completamente seguro que él era incapaz de atacar a nadie.

Educadamente le dije que no se preocupara, que el perro no hacía nada, pero él me insistió que tenía que ponerle el bozal, está vez con peores formas, justamente en las formas que yo me muevo con más comodidad.

Y justo de esas mismas maneras le conteste yo que le dije que no iba a ponerle el bozal y que se fuera de allí que siguiera disfrutando de su familia o le abriría su puta cabeza contra la pared.

Se ve que así sí que hablábamos el mismo idioma porque el idiota se fue, en ese momento Esther salía del bar ajena a todo lo que acababa de ocurrir, pero la verdad es que me conoce perfectamente y se dio cuenta que algo no iba bien, mientras tomaba el primer sorbo del café con leche le conté que había pasado y me aconsejo que me llevara a Orco a casa, vivimos apenas a unos cien metros, yo me negué, no pensaba moverme ni un solo centímetro por culpa de un imbécil con prejuicios y con ganas de tocarme los cojones.

El tipo cogió el móvil y se puso hablar, Esther insistió, así que dejamos el desayuno a medias y nos fuimos para casa, a los diez minutos, cuatro motos de la policía local de Gandía estaban en el bar, hablaron con el imbécil, con el dueño, por cierto, buen amigo mío y alumno de boxeo, y con algunos clientes, lógicamente a Orco lo conocían y todos se pusieron a su favor, aun así, las motos estuvieron peinando la zona, imagino que para intentar localizarnos.

La verdad es que me sentí muy mal, totalmente impotente, a ellos la ley les amparaba, pero la razón la tenía yo, no me sirvió de nada, me sentí como un puto delincuente huyendo de la justicia.

Recordé la frase: "La justicia y la ley no siempre van unidas".

Me esfuerzo mucho por ser educado, intento ser buen ciudadano, ayudar más que molestar, sin embargo, aquel día, por una ley injusta, me sentí que no estaba protegido, ni yo, ni mi hermano Orco, tuvimos que escapar, que huir, que escondernos, fue muy frustrante, pase unos días muy jodido, no entendía porque sabiendo que tenía la razón tuve que marcharme, por supuesto, luego tuve que disfrutar del Orco en sus paseos tomando muchas precauciones para evitar cualquier encuentro con la policía.

A día de hoy sigo pensando que no me importaría terminar la conversación que quedo pendiente con aquel imbécil.

Verdaderamente no me enfada que la gente no sepa sobre estas razas, en teoría peligrosas, no tienen por qué saber, de hecho, yo era de los que pensaba que estos perros eran asesinos, realmente lo que me molesta es que no quieran aprender y sigan con prejuicios sin detenerse a pensar que quizás puedan estar equivocados.

No me molestan los ignorantes, sino que no tengan ganas de dejar de serlo.

Recuerdo otra anécdota que nos sucedió en el mismo bar, el Mercado Provenzal, que estaba en la calle San Francisco de Borja, nosotros vivíamos en el Pasaje Lombard, por lo que era habitual sentarnos en aquel bar, además que Carlos, su propietario es nuestro amigo, en esta ocasión era un domingo por la mañana, estábamos haciéndonos unas cervecillas con Orco como siempre tendido debajo de la mesa disfrutando del solecito que lucía radiante cuando rozábamos ya el medio día, de repente, nos paró justo al lado de la mesa un coche patrulla de la policía local y justo detrás dos motos, del coche bajaron los dos ocupantes, a mí se dirigió uno de ellos que se presentó como el jefe de la policía local, educadamente empezó a explicarme detalles de la polémica ley de tenencia de perros potencialmente peligrosos, personalmente me pareció un coñazo totalmente innecesario, así que le corte para decirle que conocía esa ley, le cambió la cara, con voz más autoritaria me invitó a ponerle el bozal o que me multaría, yo le dije que no se preocupara que preferíamos irnos antes que ponerle el bozal en pleno mes de agosto, las cervezas por supuesto, se quedaron encima de la mesa y por segunda vez, me sentí un delincuente viviendo al margen de la ley y huyendo de nuevo de la policía.

Sospecho que si estáis leyendo este libro es porque os gustan este tipo de perros, sino, como mínimo imagino que os gustan los perros, pero si no fuera así podríais llegar a pensar que las leyes son para cumplirlas y es cierto, tenéis toda la razón del mundo, pero para mí Orco era mucho más que un solo perro, formaba parte de mi familia y creo que en un perro sociabilizado y totalmente equilibrado me parece innecesario ponerle el bozal, pero aceptó que una multa de la policía este totalmente justificada y que por mucho que a mí me duela ningún juez me daría la razón.

A pesar de esos contratiempos los paseos con Orco eran diarios, intentábamos ir a parques con poca afluencia de gente, pero lógicamente al vivir en una zona céntrica siempre teníamos que pasar por ciertas calles muy transitadas, a la vuelta Orco siempre buscaba un bar y un día descubrió uno nuevo también cerca de casa, no importaba por donde fuéramos, él siempre terminaba encontrando uno de los bares y nos invitaba a sentarnos un ratito.

Recuerdo un domingo que vino a casa mi madre junto a mi hermana, su marido y mi sobrinito Hugo, nos habíamos mudado a ese piso hacia poco tiempo y decidieron venir a verlo, mientras que Esther enseñaba el piso, Sergio, mi cuñado y yo nos fuimos a comprar unos pollos para comer, después de ver el piso mi hermana María Del Mar le pregunto a Esther por Orco.

- *"Sino está en el comedor, seguramente este en la terraza"*

Mi hermana salió con mi sobrinito, pero Orco tampoco estaba, así que le insistió ya más nerviosa a no verlo allí tampoco, lo buscaron por cada rincón del piso, pero no apareció, la puerta estaba abierta, Esther cogió el ascensor y bajo hasta la entrada, allí tranquilamente sentado junto a la puerta estaba Orco esperando, se ve que cerramos mal la puerta y salió detrás de mí, cuando me lo contaron, me volví a creer un tipo súper importante, eso es algo que Orco me hacía sentir todos los días que convivimos juntos.

Aprendiendo y compartiendo con Orco iban pasando los días, me sentía muy orgulloso de tenerlo en casa, un día me llamo Jaume (Tarracosbull) me preguntó si podíamos hacer un nuevo viaje solidario, por supuesto, accedí.

En esta ocasión teníamos que recoger un pitbull de color chocolate que había sido utilizado en peleas para llevarlo a Cambrils porque había una familia que se lo iban a quedar en acogida hasta que encontraran unos adoptantes definitivos.

De nuevo Manu (Gossos D'Alpe) nos advirtió que era un perro muy maltratado, utilizado en varias ocasiones en peleas, así que nos recomendó que tomáramos ciertas precauciones.

El sábado salimos pronto para Cambrils, nos llevamos a Orco para dejárselo a Manu, pensamos que sería mejor que se quedara allí que todo el día solo en casa, además él conocía a Manu y a su familia y ellos también tenían ganas de verlo.

En esta ocasión nos pusieron a "Thai" en un trasportin, era muy guapo, fibroso y con alguna que otra cicatriz de su oscuro pasado, pero la verdad es que con las personas no hizo ningún gesto agresivo, es más se mostraba totalmente sumiso, eso me hizo pensar en la cantidad de maltratos que debió sufrir para mostrarse así.

Orco se quedó en casa de Manu, allí había un buen jardín y una galguita súper juguetona que empezó a correr alrededor de mi campeón.

Manu me contó que era una galga que un cazador dejo de necesitar y se la habían llevado al refugio, la vio tan poquita cosa que en lugar de dejarla en una de las jaulas se la llevo a su jardín.

Era espectacular verla correr, pura poesía en movimiento, y totalmente antagonista a Orco, que era el perro más tranquilo del mundo, por si os lo estáis preguntando, la galguita se llamaba, Xena.

Con "Thai" ya en el coche y Orco en el hotel, Esther y yo emprendimos la marcha hacia Cambrils, alrededor de 260 kilómetros para reunirnos con Jaume (Tarracosbull) y entregarle el pitbull.

Es gratificante hacer este tipo de viajes y pensar que llevas a un perro que le vas a cambiar la vida a muchísimo mejor.

Cuando llegamos Jaume y su esposa María ya estaban allí.

Jaume está muy acostumbrado a trabajar con estas razas así que metió la mano, le puso una correa y lo saco del trasportín, ya con "Thai" atado le dimos una vuelta y nos fuimos a comer con él.

Jaume le pasaba comida de su plato con la mano y el perro de nuevo no dio muestras de querer atacar o morder, pero cuando otro perro paso cerca de nosotros sí que se giró bruscamente con muy malas pulgas, estaba claro que para él los humanos no éramos enemigos, pero cualquier perro era un adversario que había que destruir, el maltrato sufrido le había dejado marcado para siempre, la persona que se lo iba a quedar sin duda, tenía que saber llevarlo, sino la adopción corría el peligro de no concretarse.

Ion y Nahia eran la pareja de Pamplona que a pesar de tener ya dos hembras de pitbull iban a dejar que "Thai" se quedara en su casa hasta que encontraran la familia definitiva.

Me gustó mucho pensar que "Thai" se iba a quedar justamente con una pareja de competidores precisamente de Muay Thai, llevo toda la vida en el mundo de las Artes Marciales, así que estaba seguro de que "Thai" iba a estar bien.

Nos despedimos y emprendimos el viaje de vuelta, Orco estaba esperando que fuéramos a por él y yo estaba impaciente de darle un achuchón.

Apenas unos meses después Ion se puso en contacto conmigo para que Esther impartiera un seminario de M.M.A. en su gimnasio, así que viajamos hacia Pamplona y nos llevamos a Orco, 450 kilómetros más o menos, con el perrete en el asiento de atrás, tenía dudas de cómo iba a salir aquello, pero Orco simplemente se comportó como siempre, llego y se acostó, paso el viaje durmiendo, bueno él y Esther los dos.

Después del seminario otra vez Orco nos robó todo el protagonismo, jajaja, la gente se hacía fotos con él, paso el seminario sentado mirando, sin causar ningún problema y convivió en la casa de Ion con las dos perritas pitbull, tres perros PPP y cero conflictos, esa es la realidad de estas razas.

Después del viaje a Pamplona teníamos que viajar el siguiente fin de semana a dar un seminario a Almería, esta vez íbamos a quedarnos en un hotel, así que dejamos de nuevo a Orco con Manu y con la galguita Xena, por supuesto.

Orco se quedó de viernes a lunes, a pesar de que estaba impaciente por verlo, llegamos el domingo muy tarde y decidimos esperarnos al día siguiente para ir a por él.

El lunes el recibimiento fue brutal, el Orco en la puerta ladraba o aullaba no sé muy bien cómo definirlo y la Xena loquita como ella sola, daba vueltas al jardín a velocidad supersónica, Esther le parecía súper guapa, súper graciosa, súper simpática, todos los súper que os podáis imaginar, y sí, volvimos en el coche cuatro en lugar de tres.

"Los únicos seres suficientemente evolucionados para transmitir un amor puro, son los perros"

- Johnny Depp-

6.- Llega a casa la princesita Xena

Os voy a contar algo que nunca le conté a Orco,

- *"Cuando llegó Xena, no me fiaba de él"*

Tengo que ser honrado, en el título del libro se puede leer; "Viaje al corazón de un PPP" y no puedo mentiros, entre otras cosas porque el objetivo principal de este trabajo es explicaros con ejemplos y vivencias de que esta hecho el corazón de un perro de este tipo de razas, lealtad y bondad, no hay ningún animal y mucho menos, ningún perro que haya nacido con la capacidad innata de matar por placer, bueno si, uno, el hombre, pero este libro no es el foro idóneo para debatir esta cuestión.

Orco llevaba con nosotros unos meses ya, y es cierto, que cada vez que teníamos que hacer algo nuevo con él siempre estaba a la altura, es más, siguiendo con mi ejercicio de honradez, reconozco que siempre se comportaba muy por encima de las expectativas que yo me había creado, pero no es menos cierto que ahora teníamos un nuevo escenario, Esther y yo pasábamos mucho tiempo fuera de casa y teníamos que dejarlos solos durante horas y eso me producía cierta desazón, pensaba que cualquier jaleo que surgiera entre ellos sin estar en casa nosotros podía hacer que Orco destrozara a Xena, y una vez más, como siempre Orco me dio una nueva lección y de nuevo me sentí ridículo, simplemente Orco decidió compartir todo con su nueva hermanita, era mucho más sencillo de lo que yo tenía en mi puta cabeza, ella estaba allí, ella era aceptada como un nuevo miembro de la manada, de la familia, fácil, ¿no?

Lo había vuelto a hacer, deje que mis prejuicios construidos con los cientos de impactos de noticias sensacionalistas que hablan de brutales ataques de perros a personas y otros perros, en lugar, de creer simplemente en lo que veía a diario, que era que tenía un perro totalmente sociabilizado, bueno y equilibrado.

Orco me había dado una buena lección que por supuesto yo me esforcé por aprender y no olvidad.

Ya sabiendo que Xena era perfectamente aceptada por Orco empecé a disfrutar de los dos con mucha más tranquilidad, sobre todos los fines de semana que teníamos mucho más tiempo aprovechamos para irnos las cuatro a dar buenas caminatas, aún recuerdo la primera vez que Xena fue a la playa.

Cuando la soltamos y noto el tacto de la arena bajo sus patas, simplemente, exploto, empezó a correr como si no hubiera un mañana, se acercaba a nosotros y se alejaba a una velocidad endiablada y a la misma velocidad que Xena corría me sobrevinieron a mí dos pensamientos, el primero me genero una sensación de bienestar brutal, pensé en lo que estaba disfrutando después de pasar por una vida difícil por culpa de un cazador sin escrúpulos, casi de inmediato me recorrió otro pensamiento, unas preguntas que se agolpaban en mí cabeza y que me hirieron, ¿Cuántos galgos morirán sin tener oportunidad de pisar la playa? ¿Sin ser libres? ¿Sin correr por obligación, sino simplemente por diversión como estaba haciendo Xena en ese momento?

Orco, miraba a Xena, como sorprendido por su reacción, ella sabiendo que era la protagonista se acercaba al Orco e intentaba que este le siguiera el juego, pero era imposible, Orco se arrancaba y paraba, en realidad era lógico, al fin y al cabo, eran totalmente antagonistas, todo el mundo nos miraba cuando paseábamos con ellos, era muy curioso ver a Orco, bajito y fuerte, tremendamente rudo en todo lo que hacía, a la hora de beber, de jugar, al lado de Xena, alta, esbelta, una princesita delicada, eran algo así como la bella y la bestia.

El carácter de Orco fue determinante para que Xena mejorara muchísimo, ellos tienen una forma de comunicarse que hace que se entiendan entre ellos al contrario que ocurre con nosotros que intentamos decirles demasiadas cosas y se nos olvida que ellos no nos entienden.

Xena se convirtió en una galguita totalmente equilibrada, sin miedos, disfrutaba de la gente, de los paseítos y por supuesto, aprendió a disfrutar también de la ruta de los bares.

Después del paseíto y antes de llegar a casa, Orco nos elegía el bar y la mesa y los cuatro nos sentamos, ellos miraban a la gente al pasar tumbaditos, disfrutando del solecito y de las caricias que algún que otro peatón les regalaba, la verdad es que el Orco disfrutaba, siempre pensé que después de cuatro años encerrado, el bullicio de la gente era su pequeño "vicio", como si quisiera recuperar el tiempo que le robaron, y lógicamente intentábamos repetir ese hábito todos los días que podíamos.

"Nacieron para ganar corazones, no liebres"

7.- La cruda realidad de los galgos en España

La frase es dura, lo sé, pero la idea era sintetizar en muy pocas palabras una realidad que yo no conocí en profundidad hasta que Xena no entró en nuestras vidas.

"Usar y matar".

En España hay registrados más de 190.000 galgueros que utilizan a galgos y podencos en una modalidad de caza que solamente está permitida en España mientras que en países como Alemania (1952), Bélgica (1995), Escocia (2002) o Reino Unido (2004) ya ha sido prohibida.

Cada año son abandonados en España 50.000 galgos, por supuesto, responsabilizo a los galgueros de esos abandonos y asesinatos, una cifra que puede ser muy superior teniendo en cuenta la gran cantidad "que salvan las protectoras de animales". Un galguero puede criar hasta veinte galgos al año, de los que sólo el 20% son utilizados para la caza de la liebre. El resto son desechados directamente. Se les puede ver abandonados en las calles de pueblos y ciudades de áreas de tradición galguera, con el microchip arrancado. Muchos son abandonados en perreras donde son sacrificados a los diez días, asesinados a disparos, ahorcados o tirados a pozos.

Esta es la triste y vergonzosa realidad de los galgos en nuestro país, si buscáis los datos en las estadísticas de la Guardia Civil, os daréis cuenta que las cifras que yo doy no coinciden con las del Seprona, ellos sacan sus datos de las denuncias que se producen por el abandono de los animales, pero la mayoría de los casos de abandono no son denunciados, simplemente las asociaciones o particulares se hacen cargo de los galgos que rescatan, sin poner una denuncia por abandono animal.

Además, también hay que tener en cuenta que los galgos que mueren o son asesinados no se contabilizan como abandonos, y muchos nunca son encontrados.

Para que os hagáis una idea más clara, si las cifras que tiene el Seprona fuesen ciertas, no haría falta la existencia de protectoras que se dedicasen al rescate y recuperación de los galgos que han sido abandonados y maltratados por sus anteriores propietarios.

Si os preguntáis cuantos perros en general son abandonados en España, vais a flipar.

Según un estudio realizado por la Fundación Affinity, en España se abandonan una media de 380 animales al día, más de 138.000 perros y gatos acaban en protectoras y perreras, o en el peor de los casos en la calle.

Febrero. Es un mes marcado en negro en el calendario, el abandono se acerca, es el fin de la temporada de caza de liebre con galgo.

Los galgos son criados en masa, intentando encontrar un galgo ganador. Después de una o dos temporadas, si es que llegan a ostentar el dudoso honor de ser válidos, muchos galgueros los abandonan. *"Si a mí un perro con tres años ya no me vale para lo que yo quiero, lo llevo a una perrera. Si lo matan no es problema mío. Puedo llevar unos siete perros al año a la perrera, ahora mismo tengo doce aquí, allí veinte, de máximo cuatro años"*, afirmaba un galguero anónimo.

Aunque creáis que la muerte es lo peor, desgraciadamente no es así, para muchos de ellos la muerte es el descanso, viven encerrados, en condiciones deplorables y son entrenados con técnicas, que incluyen, por ejemplo, correr cada día quince kilómetros atados a la parte trasera de un coche.

Sin embargo, la carrera de tres minutos tras la liebre poco tiene que ver con los extenuantes entrenamientos a los que los someten, donde muchos son arrastrados o se lesionan.

Y en el fondo, aquellos que terminan en una protectora, o incluso en una perrera municipal, aunque sea de aquellas con mala fama, deben sentirse afortunados. Otros muchos terminan muertos, atropellados, tirados a pozos o ríos, quemados o incluso ahorcados en árboles.

La Organización Mundial de la Salud y la World Animal Protection (WSPA) informaban de que la única forma de frenar la sobrepoblación era a través de la esterilización, la identificación y la educación.

En España, la ley aún está muy lejos de ser firme contra el abandono, el maltrato y la tenencia responsable, y cualquier línea resolutiva que no pase por ahí será tan solo un pequeño parche que únicamente paliará la superficie de un problema de fondo en nuestra sociedad.

Con todos estos datos podemos llegar a una sencilla conclusión, España no es país para galgos.

<u>Adopta un galgo</u>

La verdad es que Esther y yo adoptamos a Xena de corazón, si me apuráis, incluso con irresponsabilidad, porque no conocíamos nada de los galgos, bueno, lo que todos sabemos, que corren mucho y se utilizan para cazar, pero no teníamos ni idea de cómo viviría en un piso, ella nos fue enseñando y la verdad es que los galgos son geniales para vivir en casa.

Pueden dormir mucho, si tú no te levantas no te preocupes, pueden dormir entre dieciséis y dieciocho horas al día sino les molestas, y, aunque les gusta correr, no es que necesiten correr grandes distancias todos los días. Puedes salir a caminar con ellos tranquilamente, o llevarlos al parque a jugar con otros perros, y con eso serán más que felices, bueno, con ejercicio y un buen sofá en el que dormir.

"El vínculo con un perro es el más duradero de esta tierra"

- Konrad Lorenz -

8.- Escapando de la presión

El ático donde vivíamos de alquiler se había vendido así que no nos quedaba más remedio que salir de allí, sabiendo que la mudanza era inmediata decidimos pensar donde ponernos a vivir.

El centro de Gandía es genial, cada vez que sales a la calle hay vida, pero teniendo un perro como Orco en casa, la presión a la que estamos sometidos era brutal, no sé de donde vienen las ordenes, pero tanto policía local como policía nacional cada vez eran más inflexibles con el tema del bozal.

Tiene cojones que sabiendo que nuestro país es uno de los que tiene mayor tasa de maltrato animal, persigan a la gente que compartimos nuestra vida con un perrete en casa, que, en el caso de Orco, como en el de otros muchos, duermen en la cama, suben al sofá, son casi más personas que perros, imagino que es más fácil pararme a mí para pedirme la documentación y multarme porque mi perro no lleva el bozal que entrar en ciertos barrios y enfrentarse a cierta gente.

¡Qué sí, lo sé!

Que la ley dice que tiene que llevar el bozal, que mi obligación es ponérselo, que tengo que estar agradecido de todas y cada una de las veces que me avisaron y no me multaron…

¡Qué no, no me convencen!

Que la ley también dice que las peleas de perros están prohibidas y que a ellos no les persiguen como a mí, todo los que tenemos este tipo de perros sabemos más o menos donde hay perros maltratados por culpa de este tipo de actividad, incluso en que barrios se están realizando de forma puntual o de forma constante peleas de perros en nuestras ciudades, y si yo lo sé me extraña mucho que la policía no lo conozca, entonces se me ocurren varias preguntas:

¿Esta ley ayuda a mejorar la recaudación? ¿Tengo en mi país policías que aún no están concienciados de que los perros para muchos son familia? O peor aún, ¿es la policía una panda de cobardes acomodados que se limitan a pasar las horas cobrando su sueldo haciendo lo mínimo?

Y no quiero cometer el mismo error que perpetra la ley PPP, no quiero generalizar, imagino que hay policías que entraron en el cuerpo para ayudar y servir, de igual modo, que otros simplemente son jornaleros y van a lo fácil.

Por un motivo u otro, las cosas en Gandía se habían puesto muy difíciles para los que tenemos perros mal catalogados peligrosos, así que como teníamos que buscar otro piso después de mirar y pensar muchos decidimos irnos a un pueblo que está muy cerca de Gandía con muchísima menos gente y que ni siquiera tiene policía local, Potries.

Potries tiene un poquito más de mil habitantes y es la Guardia Civil de Villalonga la que pasa de vez en cuando por el municipio, además al ser tan pequeño tienes muy cerca de casa caminos rurales por lo que era más sencillo pasear a Orco sin tener que ponerle el bozal.

El sitio era ideal para disfrutar de Orco, empecé a sacarlo a él y a Xena por las afueras del pueblo, nos encontramos con caminos con la huerta al lado y muy poca gente, no solamente no le ponía el pozal, sino que podía permitirme el lujo de soltarle y dejar que anduviera suelto, era genial, la Xena, disfrutaba del campo, saltaba acequias, corría, el Orco como siempre iba a mi lado, a su paso, sin prisa, disfrutando del paseo a su manera, sinceramente ganaron en calidad de vida.

Tanto ellos como yo íbamos cada día descubriendo nuevos senderos, en uno de los recorridos, nos encontramos con un campo vallado, que tenía tres burritos dentro, y de nuevo Orco me volvió a sorprender.

Los burritos se acercaron hasta el enrejado, Orco los miro, me miro a mi y se puso a aullar, cuando parecía que la cosa no podía ir a más, los burritos empezaron a seguirle con sus relinches y por supuesto, la galguita Xena, se unió con su aullido a la fiesta, la verdad es que estuve un rato que no podía parar de reírme, era la primera vez que asistía a un concierto de esas características.

Como os he contado en uno de los capítulos, Orco tenía muy buen sentido de la orientación, así que la primera costumbre que añadimos a nuestras nuevas vidas en Potries fue que al menos una vez al día nos pasamos a ver a sus amiguetes los burros, y por supuesto, el concierto se repetía.

En el Instagram de Orco (@yoorco) subí el video de uno de esos conciertos y la verdad es que fue todo un éxito.

Por supuesto, en un pueblo tan pequeño, Orco pronto aprendió el camino más recto para llegar a las terracitas de los tres bares que había aquí.

Y no fue diferente a otros sitios que habíamos estado, entre su tamaño y su buen carácter muy pronto Orco fue muy conocido aquí, los dueños de los bares siempre les sacaban alguna "chuche" y si al Orco ya le gustaba pasar un ratito allí, imaginaros si encima los malcriaban.

"El viaje de la vida es más dulce si lo haces junto a un perro"

- Bridget Willoughby -

9.- Descubrimos la playa de Potries

Como os he contado en Potries me podía permitir el lujo de evitar pasear por sus calles y buscar rutas alternativas por las afueras, en un pueblo tan pequeño, la verdad es que no es demasiado difícil.

Mi trabajo me hace disponer de un horario muy flexible, así que siempre intento arreglármelo para poder estar el máximo tiempo posible con ellos, cada día salíamos del pueblo y buscábamos rutas diferentes, tenemos los primeros caminos por los campos a escasos cien metros.

La galguita Xena no podía negar que en su ADN lleva la caza, era casi imposible que se le escapase alguna liebre, era capaz de marcarla muchísimo antes de que yo la viera, de hecho, había veces que miraba hacia algún sitio y yo simplemente no era capaz de ver nada.

El Orco, sin embargo, daba el paseo a su manera, estábamos una hora por ahí y él no estaba dispuesto a hacer ni un solo esfuerzo de más, era un mismo paseo desde dos puntos de vista totalmente antagonistas, luego quedaba yo, que me limitaba a mirarles y disfrutar de la soledad y la tranquilidad que me daba el sitio.

Es curioso, eso de cumplir años, cuando eres joven solo quieres estar rodeado de gente y cuando eres mayor, al menos en mi caso, solo buscaba ese paseíto con ellos, que estando, no te restaban, al contrario, te sumaban.

En una de esas marchas, vimos a algunos vecinos salir de entre unas cañas, con ropa de baño, lógicamente ya habíamos visto el rio, pero no habíamos encontrado ningún sitio cómodo para entrar, así que cuando ellos se alejaron decidí entrar para escudriña un poco, y allí en ese paraje escondido que solo unos pocos conocían, me encontré con una especie de playa hecha de piedras blancas y una orilla perfecta donde el Orco fue el primero en entrar y sentarse dentro del agua, llevábamos mucho tiempo andando y él quiso refrescarse.

El agua bajaba limpia y fría, y lo bueno que tenía aquella zona es que te podría cubrir al nivel de los tobillos o solo andando unos metros te llegaba el agua al cuello, yo me metí los pies e hice que entrara la Xena, que sinceramente, gracia le hizo más bien poco, llegamos los tres a casa súper fresquitos y por supuesto, con ganas de contarle a Esther nuestro nuevo descubrimiento.

El verano de aquel año fue inolvidable por lo menos para mí, nos levantábamos pronto y llegábamos a casa alrededor de la una y media, cogíamos a Orco y a Xena y nos íbamos los cuatro a tomar un baño en el rio, hacía más de veinte años que no nadaba en uno, las piscinas y las playas, te alejan de los ríos, pero la sensación de bañarte en uno a mí me llevaba a la niñez, a aquellos baños en el rio de Alcudia de Crespíns, "el Riu Nou", donde me juntaba con mis primos y fantaseábamos en como seria nuestras vidas de mayores.

El rio siempre es sinónimo de vida, me gusta escuchar ese susurro del agua, ver la corriente fluir, estábamos a menos de doscientos metros de casa y parecía que habitábamos en otro mundo, sin ruido de coches, con el cantar de los pájaros como banda sonora y el acompañamiento del croar de las ranas, era nuestro particular paraíso, ese paréntesis en nuestras rutinas diarias, esas vacaciones sin ir a ningún sitio, tan cerca y tan lejos al mismo tiempo.

Orco lo tenía ya súper claro, nada más llegar se metía y se sentaba dentro del agua en la orilla, Xena empezó con muchas dudas, pero poco a poco, también aprendió a disfrutar de ese ratito.

Solíamos estar alrededor de una hora u hora y media y luego nos íbamos a la terracita de un bar a hacernos unas cervezas, mientras que Orco y Xena se quedaban costaditos debajo de la mesa, esto lo hicimos todos los días del verano, parece mentira, pero algo tan sencillo, ese pequeño parón apartados de la civilización, nos hacía afrontar el resto del día con energía renovada.

Orco pronto aprendió la rutina y cada vez que salíamos a dar la vuelta nos llevaba hacia el rio, sabía que a medio día tocaba eso e intentaba no perdonarlo nunca.

El siguiente verano el ayuntamiento de Potries decidió volver a restaurar las condiciones naturales del rio Serpis, al proyecto lo llamaron: "Potries té platja", Potries tiene playa, la verdad es que muchos vecinos y entidades del municipio se volcaron en la idea, eliminaron las cañas, una especie invasora que impedía el fácil acceso, pero que para muchos de nosotros era una forma de guardar el secreto, ese portal mágico hacia un sitio chulísimo y que fuera del municipio poca gente conocía, ahora la zona había quedado espectacular, pero lógicamente iba muchísima más gente, las pretensiones del ayuntamiento se habían cumplido, pero los que teníamos perros, y más como Orco, con la etiqueta de asesino colgada en su lomo, era difícil poder ir, aun así yo intentaba ir por la mañana muy pronto para darle sobre todo a Orco el caprichito de poder bañarse.

"La más bonita era mi amor, que ahora al cielo de los perros llega…"

- Dani Martín -

10.- ¡Hasta siempre Xena!

Cuando vivía en casa mis padres, pase años pidiéndoles tener un perro en casa, estaba loco con tener un pastor alemán, al final de tanto insistir mi padre accedió, pero me dijo una frase que nunca olvidaré, yo tenía en aquellos momentos catorce años, quería que supiera que la decisión de tener perro acarreaba una serie de obligaciones que había que cumplir: "Si un perro entra en esta casa solo podrá salir muerto", esa frase llevaba encerrada la moraleja de que no puedes abandonarlo bajo ninguna circunstancia, no importa lo que suceda, él es parte de su familia y no se le deja a mitad del camino.

Si todos los padres hubieran enseñado a todos los hijos esa sencilla lección ahora habría menos hijos de puta abandonando perritos.

Los galgos son de complexión delgada, esa es una de sus principales características, pero Xena había cogido peso desde que vivía con nosotros, es difícil darse cuenta de inmediato de que estaba perdiendo peso, pero lo cierto, es que llego un momento es que su delgadez no ofrecía lugar a las dudas, decidimos llevarla al veterinario y las noticias que nos dio no fueron nada buenas, Xena había dado positivo en leishmaniosis, enfermedad muy peligrosa que la provoca la picadura de un mosquito, pero ni siquiera eso fue lo peor, en los análisis le había salido muchísima anemia, ahora eso era mucho más peligroso que la propia enfermedad, si los valores bajaban un poco más resultaría imposible salvarla.

Ese mismo día empezamos un tratamiento, "Draven", el último pastor alemán que tuve había luchado contra la enfermedad y murió de viejo, así que tenía esperanzas de que Xena también superara la dolencia, tenía solo cinco años y con nosotros había estado solo dos, merecía vivir una vida mejor, estaba completamente seguro, los galgos, aunque parecen frágiles en realidad son perros muy fuertes, una raza de las más antiguas y sin manipulaciones por parte del hombre, era súper optimista y a pesar de que Xena estaba ahora muy débil sus ojos decían que quería seguir viviendo.

Quizás porque convivio al lado de Orco, Xena era súper femenina, mientras que uno era muy bruto para todo, jugar, comer, la otra, era toda una princesa, y en esos días que estaba más debilucha me di cuenta que buscaba mucho las caricias, los abrazos, los besos, y por supuesto, los tuvo.

Esther pasaba menos tiempo en casa que yo, así que la enfermedad me unió mucho a ella, necesitaba sentirse protegida y yo entendí el mensaje y ganamos muchísima complicidad.

Continuamos con el tratamiento y cada una de las analíticas que le hicimos arrojaba un resultado mejor, Xena estaba ganando a la enfermedad.

Cuando pude comparar su comportamiento de ahora con el que hacía unos meses me di cuenta de lo enferma que había estado, dejo de correr, dejo de jugar y yo estaba convencido que era la edad, que con cinco añitos su conducta había cambiado, que mala es la ignorancia.

La anemia estaba remitiendo, la enfermedad se estaba controlando y Xena volvió a correr y yo a sonreír, es espectacular ver a un galgo correr, su plasticidad, sus cambios de dirección, sus "ataques" a Orco, mi loquita había vuelto.

El veterinario nos había dicho que las últimas analíticas habían salido perfectas, así que fueron meses de volver a disfrutar a tope con ella.

Pero agosto me guardaba una desagradable sorpresa.

Recuerdo que eran finales de agosto, sábado concretamente, porque baje a Canals al cumpleaños de mi madre, había sobrado comida y me la traje a casa para los perretes.

Era pollo que les trocee y quite los huesos, Orco y Xena también celebraron el cumpleaños de su "abuela" María, se lo comieron como si no hubiera mañana, se relamían, daba justo verlos comer.

El domingo llego Esther y me dijo que notaba que Xena tenía la barriga muy hinchada, yo le conté que les había dado de comer pollo y que quizás ese era el motivo, de todas maneras, como teníamos la sensación que con la leishmaniosis habíamos tardado demasiado decidimos llevarla al veterinario el lunes, no queramos volver a perder un solo segundo.

Entre al veterinario convencido que me diría que era un simple atracón, que me daría algo para ello y fuera, a seguir viviendo.

¡Que equivocado estaba!

Y aquel diagnóstico fue uno de los que más me dolió, probablemente por lo inesperado, no estaba preparado para recibir aquella noticia, era como están viviendo un mal sueño.

La hinchazón de Xena era debido a líquido, había que averiguar que hacia ahí y que provocaba aquello.

Le hizo análisis, una placa que no se podía ver nada por el propio líquido y me receto unas pastillas diuréticas para intentar que la perrita meara más y así bajarle esa hinchazón, todos los resultados fueron negativos, Xena se me estaba escapando y tenía la desagradable sensación de que aún no sabía ni el porqué.

Cada día más apagada, lo que nunca cambio fue lo mimosa que era, esa mirada tierna, pasábamos la noche juntos, por supuesto, Orco, era consciente a su manera de que algo andaba mal y permaneció al lado, pero sin molestar, sabiendo perfectamente que en ese momento era ella quien necesitaba más atención.

Una de las mañanas que la baje a dar una vuelta, me cayó al suelo, las patas de atrás no eran capaces de sostenerla, los quejidos eran desgarradores, la verdad es que no sabía qué hacer, así que la cogí en brazos, le dije a Orco que nos siguiera y nos volvimos a casa, la deje encima de la cama y al ratito los gemidos pararon, me fui a trabajar y cuando volví Xena seguía en la cama, me hice algo rápido para comer y decidí bajarla a mear, esta vez la baje sola, pensé que si pasaba algo era más fácil cogerla a ella que tener que estar pendiente de los dos, todo iba bien hasta que intento mear, una vez más se cayó al suelo y empezó a gemir, estaba muy hinchada, ese líquido la estaba envenenado y el veterinario había sido incapaz no solo de ayudarla sino ni siquiera de darnos un diagnóstico, los gemidos no paraban, no podía alargar más la decisión, así que esa misma tarde fui al veterinario, era mejor dejarla marchar y que descansase.

Cogí el coche, me toco aparcar lejos, en Gandía como en otros municipios y ciudades grandes resulta difícil estacionar, la lleve en brazos hasta la clínica, era el 27 de septiembre de 2019, la subí en la camilla, la acaricie y le susurre lo importante que había sido, poquito a poco se quedó dormida y espero que junto a Orco me estén esperando en el cielo de los perros, porque pienso ir a buscarlos cuando también llegue mi momento de partir.

Xena te llevo en el corazón y en la piel, un tatuaje en mi mano izquierda de tu dulce rostro me recuerda que fuiste mi princesa, mi loquita, fue una pasada tenerte en casa y convivir contigo, tus últimos días fueron duros, pero me unieron a ti porque sabía que ese era el momento donde más me estabas necesitando.

"Un gramo de bondad vale más que una tonelada de intelecto"

- Alejandro Jodorowsky -

11.- Una nueva hermanita llega a casa, ¡Hola Gorgo!

Eso pasaba el 24 de octubre de 2019, apenas un mes después de la muerte de Xena, la verdad es que no tenía muchas ganas de meter otro perro en casa, la inesperada muerte de Xena me dejo bastante tocado y sin muchos ánimos para volver a empezar con la adaptación de una nueva mascota.

El binomio creado entre Orco y Xena fue perfecto, irremplazable.

Un alumno se enteró del fallecimiento de Xena y me envío unos whatsapp con las fotillos de una perrita monísima, la verdad, me comentaba que su amigo iba a ser padre y que quería dársela a alguien que la cuidase, voy a abrir en la historia un breve paréntesis.

(A día de hoy sigo sin entender que tiene que ver la paternidad de uno con tener un perro en casa, si aplico la frase de mi padre, no me quedan más cojones que llamarle…IRRESPONSABLE)

Cierro paréntesis y sigo con la historia, no podía aguantarme, sino lo escribo reviento.

Le enseñé las fotos a Esther y lógicamente por ella la hubiéramos traído a casa ese mismo día, yo tenía bastantes más dudas, le hice algunas preguntas más a mi alumno para conocer un poquito más a la perrita, la habían comprado para hacerla criar, en su primer celo la enviaron a Los Ángeles (EEUU) para su primera monta, pero los planes se les torcieron.

Junto a mi alumno viajo en avión de Valencia a Paris y allí tenían que hacer un trasbordo para viajar a EEUU, el primer vuelo no tuvo ningún contratiempo, pero al tener que embarcar para viajar a Estados Unidos llamaron a la persona que viajaba con ella para decirle que no iba a poder volar, la perrita se quedaba dentro del transportin en algún almacén el aeropuerto Paris-Orly, mientras que mi alumno cogía un vuelo de vuelta a Valencia para intentar que su jefe resolviera el tema de los papeles que le estaban pidiendo.

El departamento de Agricultura de Estados Unidos es el organismo encargado de controlar la entrada de todas las especies animales, para no tener problemas los perros tienen que llevar todas las vacunas y una especie de pasaporte que debe hacerte el veterinario, el criador conoce bien todos esos trámites, sin embargo, Gorgo no pudo seguir el viaje.

Al cabo de la semana intentando averiguar qué es lo que estaba pasando y sin conseguir ningún avance, deciden que mi alumno viaje en coche hasta París para recoger a la perrita.

Quiero hacer especial hincapié en ese dato, una semana encerrada en el hangar de un aeropuerto y encerrada en un transportin, imagino que no tendría las atenciones y los cuidados que un perro merece, a día de hoy la perrita sigue teniendo muchos miedos y sin ser especialista en analizar conductas caninas, creo que esa experiencia tuvo mucho que ver con esas fobias.

La recogen y la traen de nuevo a Gandía, la idea es intentar de nuevo que viaje a Estados Unidos, su día a día aquí es vivir en una especie de jaula, desconozco las condiciones, pero lo tengo claro porque los primeros días la perrita teniendo dos años me meaba en casa, es decir, no la habían educado a hacer sus necesidades en la calle, eso es algo que aprender relativamente pronto y con facilidad.

Por lo visto la posibilidad de viajar a Estados Unidos se descarta, no se contaros porque, aunque tengo mis sospechas, ahora cuando sigáis conociendo la historia de mi peque creo que entenderéis todo y llegareis a la misma conclusión que llegue yo.

Parece ser que en un momento dado decide que ya no la quiere, lo traduzco, nunca la quiso, pero ahora además no la necesita, y en un acto de responsabilidad, eso cree él, quiere buscar a alguien que la cuide, vuelvo a traducir, que haga algo que él nunca hizo, y ese, justo ese, es mi papel.

Mi alumno y su propietario al final me traen a la perrita en un transportin, por supuesto, y ahí me la dejan, le pregunto el nombre al propietario y me dice que le pusiera el que yo quisiera, los que tenéis perros en casa entenderéis que no es muy normal convivir con un perro dos años y no ponerle nombre, le pongo la correa de

Orco que le viene gigante por lo que no la asegura y ella que si entiende de lealtad lo único que hace es intentar huir buscando el coche que la acaba de abandonar, que pena me dio, buscaba seguridad en un tipo que pasaba de ella como la mierda, luego pensé que en casa aprendería que es sentirse querida y formar parte de una familia.

La cogí en brazos y la subí a casa, en la puerta impaciente nos estaba esperando el señor Orco, por supuesto, el recibimiento fue el esperado, ni un solo problema, ni un mal gesto, él la acogió y ella se pasaba el día detrás de él.

Cuando llego Esther a casa decidimos ponerle el nombre de Gorgo, Reina de Esparta, esposa del Rey Leónidas y el nombre que la prensa le había puesto a Esther después de quedar subcampeona del Mundo de Pankration precisamente en Esparta (Grecia).

Como os he contado, Gorgo meaba donde quería, en la calle tenía mucho miedo, pero la presencia de Orco le ayudaba a superarse, poco a poco aquí en Potries empecé a soltarla y ella siempre iba pegada al señor Orco.

A la semana de tenerla, le bajó la regla, yo pensé que ya era mala suerte que estuviese en el periodo tan pronto, las perras tienen solo dos celos al año, así que era mucha casualidad que nada más llegar estuviese en uno de ellos, Orco se ponía muy pesado y había que tomar ciertas precauciones antes de salir de casa, pero Orco no daba señales de ningún tipo.

Como os he dicho con anterioridad siempre he tenido perros en casa, pero no soy un especialista, así que pensé que al tener el señor Orco once años simplemente ya no le excitaba el celo de Gorgo, esa fue mi conclusión.

Una vez más el tiempo me iba a dar una lección que casi pago Gorgo con su vida.

Después de estar más o menos una semana sangrando, a Gorgo cada vez le costaba salir más de casa, al bajar a la calle se negaba a andar, era como si estuviéramos retrocediendo en todo lo que habíamos estado avanzando en los últimos días, yo pensé que todo el problema que tenía estaba relacionado con sus miedos.

Un domingo por la tarde Gorgo se negó a andar un solo paso, eso me puso en alerta, pensé que asociar los miedos a no querer pasear nada era demasiado exagerado, decidí ir a visitar a un veterinario para que me ayudara con un diagnóstico para entender que estaba pasando, la muerte de Xena estaba muy reciente, ella se fue y a día de hoy aún sigo sin saber porque murió, así que decidí buscar otra clínica, pregunte y me recomendaron la Clínica Veterinaria Valls de Gandía.

Hable con Manuel, el responsable de la clínica, concrete una cita y fui, lo primero que le hicieron fue unas analíticas, al contrario que ocurría en la otra clínica que había que esperar unos días entre que las muestras iban y volvían de un laboratorio, en esta ocasión a los quince minutos ya tenía los resultados, y una vez más las noticias no eran nada alentadoras.

El sangrado de Gorgo no tenía que ver con su periodo, sino una infección en el útero, la única opción era operarla o moriría, no había que pensar demasiado, así que ese mismo día la deje y por la tarde entraría en quirófano, así que firme el eximente de responsabilidad y me tocaba esperar una llamada que me confirmara que todo había salido bien.

Me fui a impartir clases con una sensación contradictoria, no me había pasado nunca con ninguno de mis "perretes", por un lado, lógicamente estaba preocupado, Gorgo estaba apenas quince días en casa, por lo que quizás aún no la quería como he querido a otros perros, pero al mismo tiempo era yo el responsable y no quería que muriera ese día, me parecía injusto, tenía dos años y aún no había disfrutado de la vida, una muerte siempre es triste, pero esta me lo parecía más.

Alrededor de las ocho de la tarde me llamaron desde la clínica para avisarme que Gorgo estaba bien y que podía pasar ya a por ella, habían esperado un poquito más para que pasara allí los efectos de la anestesia.

Cuando llegué me estaba Manuel, me comento que todo había salido bien, que su recuperación para este tipo de operaciones era muy rápida y me dijo que al hacerle el primer corte con el bisturí la perrita había entrado en parada cardiaca y estuvo "muerta" alrededor de un minuto, se vieron obligados a pincharle adrenalina para poder recuperarla.

Me la lleve al gimnasio para recoger a Esther y Gorgo estaba ya como si no hubiese pasado nada, estuvo entre la vida y la muerte y ella simplemente estaba disfrutando del momento, del ahora, la mire y sonreí, que cerca estuvo aquel día de irse.

"Respetar a los animales es una obligación, amarlos es un privilegio"

12.- Y eso que no quieres siempre llega

Tenemos la tendencia de idealizar nuestra vida, de hacer planes de futuro como si fuéramos inmortales y yo hice eso con Orco, desde que vino a casa imagine que duraría quince años, dieciséis, lo máximo que un perro pueda durar, incluso soñaba en que Orco superara todos los records.

Era tal mi conexión con él que sabía que cuando se pusiera enfermo iba a pasarlo realmente mal, durante el tiempo que hemos convivido juntos he tenido siempre en la cabeza pasar el máximo tiempo posible con él, sabía que cuando llegará el momento de la despedida iba a tener la sensación de que me falto tiempo, de hecho, esa es lo que siento ahora… me falto tiempo.

En los últimos meses la fisonomía de Orco había ido cambiando, era algo visible, ya no era ese perro cabezón y fuertísimo, pero tanto Esther como yo lo asociábamos a la vejez, él seguía comiendo, le gustaba salir a la calle, ir de bares, no fue nunca un perro que se moviera mucho, pero aparte del cambio físico lo demás seguía igual, no encontramos señales que nos alarmaran.

Decidí llevarlo al veterinario porque le olía mucho el aliento, era exagerado, Manuel, el veterinario, me dijo que había que dormirlo para poder hacerle una limpieza de boca, le hizo un análisis y le subió a la báscula para poder pesarlo.

Me dijo que en la analítica le salía un poco de anemia, pero mis alarmas saltaron cuando dijo el peso de Orco, ¡¡¡treinta y dos kilos!!!

Imaginaros la cara que puse que se dio cuenta, mi corazón empezó a latir más deprisa, la última vez que pesaron a Orco su peso fue de cuarenta y cinco kilos, automáticamente me di cuenta que su cambio físico no era un tema de edad sino había algo que le estaba haciendo perder mucho peso, y sinceramente y sin veterinario, temí lo peor.

¿Qué enfermedad puede hacerte perder peso a tanta velocidad?

Una de las cosas que aprendí con Manuel es que como los perros no hablan ellos tienen que trabajar sobre certezas, lo que teníamos era una pequeña anemia y una infección en la boca, eso era lo que había no podíamos hacer suposiciones de otras causas y que nos íbamos a limitar a tratar lo que sabíamos.

Dejé a Orco en la clínica, y me fui muy preocupado, era un perro de once años y con anemia, así que me daba miedo pensar como reaccionaria a la anestesia, me producía mucha desazón pensar que lo había dejado "bien" y quizás no volvería a verlo, eso me generaba mucha angustia.

Por la tarde me llamaron de la clínica para que acudiera a recoger al señor Orco, me dijo que todo había salido bien, que me lo encontraría un poco desconcertado pero que era por los efectos de la anestesia.

Llegue a la clínica y Manuel me dijo; "Ricardo, te vas a llevar a otro perro".

La alegría fue gigante, parecía que la pérdida de peso y la anemia iba asociada a la infección de la boca, así que si eso estaba solucionado Orco iba a vivir un final de vida con mucha más calidad.

Me lo lleve y parecía que iba borracho, jajaja, me habían avisado que eso pasaría por la anestesia, estaba gracioso y yo solo pensaba que volvería a ser él, que lo que comía ahora sí que iba a hacerle efecto, estaba seguro que recuperaría peso, estaba encantado.

Apenas unas semanas después empezó a cabecear, a él le habían cortado las orejas, cuando nació no estaba prohibido hacerlo y esos días había estado lloviendo con lo cual pensé que simplemente le había entrado algo de agua, una simple otitis, aun así, le volví a llevar al veterinario, con un palito le cogieron una muestra y el veterinario me hizo que mirara por el microscopio, vi unos bichitos moverse, me explico que eran ácaros, había que volverlo a dormir para limpiarle perfectamente los oídos.

Entro en el quirófano y una vez más me toco esperar buenas noticias, Orco salió y estuvo un par de días sordo, era curioso, porque siempre ha sido muy obediente y de repente me veía llamándolo, yo y Gorgo andando para un lado y él para otro, eso también fue superado y tenía claro que ahora venía el momento de la recuperación imparable, no podía haber más contratiempos.

Paso apenas una semana, era sábado de madrugada, alrededor de las cinco porque al despertarme mire el móvil, oí un golpe fuerte y al encender la luz vi a Orco en el suelo, llegue a la conclusión de que se había caído de la cama, le llame varias veces, giraba la cabeza, pero no podía incorporarse, al final lo subí a la cama y se me quedo ahí tumbado, pasaron varias horas sin moverse, de hecho, cuando levantaba la cabeza podías darte cuenta que aún no estaba bien, alrededor de las siete y media se levantó y empezó a andar por la casa como si no la conociera, aunque lo llamaras, él seguía andando de un sitio a otro sin ningún sentido, estuve pendiente de él hasta las nueve de la mañana que decidí llamar al veterinario, al ser domingo quedamos para vernos en la clínica y se quedó ingresado.

El lunes por la mañana a primera hora estaba allí de nuevo, había que hacerle más pruebas, tenía el azúcar muy bajito, estaba claro que el mareo había sido causado por eso, la pregunta que quedaba por responder era sencilla ¿porque bajaba el azúcar?

Paso una semana ingresado, yo iba dos veces al día a visitarle y a darle una pequeña vueltecita, estaba tremendamente débil.

Como en todos los sitios donde llegaba Orco ya era el "dueño" de la clínica, nada más llegar lo sacaban de la jaula y él se daba una vueltecita por la clínica, iba detrás de todos los veterinarios y por supuesto, siempre le caía alguna chuche.

El viernes por la tarde fui a verlo y me dijeron que me lo podía llevar a casa, no tenía sentido tenerlo en una jaula y que estuviera conmigo cinco minutos al día, estaba entusiasmado con la idea, estaba muy lejos de estar bien, pero comparado con lo que había pasado era el momento de ver si quitándole los goteros y dándole un tratamiento para casa podía vivir dignamente y con cierta autonomía.

Teniendo en cuenta que su salud estaba muy delicada, el sábado lo paso bastante bien, salimos un par de veces a la calle a dar una vueltecita muy pequeña y llegó a comer algo, yo empecé a darle dos cucharadas de miel al día, la idea era que no le volviera a bajar el azúcar, además del tratamiento, por supuesto, pero la verdad es que todo fue un espejismo, de nuevo la madrugada del sábado al domingo se puso peor, le dio un ataque muy fuerte y empezó a convulsionar, daba saltos, empezó a babear y se orino encima, sinceramente pensé que ese era el final, sin embargo, también supero ese episodio y seguimos luchando, lo volví a llevar al veterinario, se quedó un par de días de nuevo allí para hacerle más pruebas y el diagnostico que me dieron fue el peor de todos, Orco tenía un cáncer de páncreas.

No había nada que hacer, me dieron unas pastillas que eran algo así como la quimioterapia para nosotros y me dijeron que podría durar dos días más o dos meses, que lo disfrutara todo lo que pudiera.

Me lo lleve a casa y creo que le ganamos al cáncer trece días.

Lunes, 9 de marzo de 2020 suena el despertador, y….

"No juzgues a un perro por su raza, si juzgas un libro por la portada puedes perderte una gran historia".

13.-La ley PPP en España

Todos los perros tienen características y cualidades distintas, entre ellas el tipo de mordida que puede ser más grave en el caso de unas determinadas razas. Es en base a este tipo de diferencias físicas que el gobierno español crea el Real Decreto 287/2002, de 22 de marzo, por el que se desarrolla la Ley 50/1999, de 23 de diciembre, sobre el régimen jurídico de la tenencia de "perros potencialmente peligrosos".

Además, debemos preguntarnos por qué el gobierno toma tantas medidas y dificulta tanto la adopción de estas razas, pero sin embargo no pone medidas para evitar el sacrificio, el abandono y el maltrato.

Razas de perros potencialmente peligrosos (PPP):

1. Pitbull Terrier
2. Staffordshire Bull Terrier
3. American Staffordshire Terrier
4. Rottweiler
5. Dogo Argentino
6. Fila Brasileño
7. Tosa Inu
8. Akita Inu

Además de los perros que he mencionado anteriormente están considerados como "perros potencialmente peligrosos" según el Anexo I del Real Decreto 287/2002 de 22 de marzo, pero, además, también serán considerados PPP aquellos perros que sean un cruce de las razas mencionadas, y los que cumplan con las siguientes características físicas, indicadas en el Anexo II:

Musculatura fuerte, aspecto poderoso, robusto, configuración atlética, agilidad, vigor y resistencia.

Marcado carácter y gran valor.

Pelo corto.

Perímetro torácico comprendido entre 60 y 80 centímetros, altura a la cruz entre 50 y 70 centímetros y peso superior a 20 kg.

Cabeza voluminosa, cuboide, robusta, con cráneo ancho y grande y mejillas musculosas y abombadas. Mandíbulas grandes y fuertes, boca robusta, ancha y profunda.

Cuello ancho, musculoso y corto.

Pecho macizo, ancho, grande, profundo, costillas arqueadas y lomo musculado y corto.

Extremidades anteriores paralelas, rectas y robustas y extremidades posteriores muy musculosas, con patas relativamente largas formando un ángulo moderado.

Además de todos estos detalles, un perro también puede ser considerado como PPP en determinadas comunidades autónomas o por orden expresa si lo solicita un veterinario.

¿Qué necesitas para adoptar un perro PPP?

Para empezar, es fundamental obtener una licencia administrativa que certifica que la persona cumple todos los requisitos que impone el estado. Las personas que tengan a su cargo perros potencialmente peligrosos en España, según la ley vigente, deberán cumplir los siguientes puntos:

Ser mayor de edad.

No haber sido condenado por delitos de homicidio, lesiones, torturas, contra la libertad o contra la integridad moral, la libertad sexual y la salud pública, asociación con banda armada o de narcotráfico, así como no estar privado por resolución judicial del derecho a la tenencia de animales potencialmente peligrosos.

No haber sido sancionado por infracciones graves o muy graves con alguna de las sanciones accesorias de las previstas en el apartado 3 del artículo 13 de la Ley 50/1999, de 23 de diciembre, sobre el régimen jurídico de animales potencialmente peligrosos.

Disponer de capacidad física y aptitud psicológica para la tenencia de animales potencialmente peligrosos.

Acreditación de haber formalizado un seguro de responsabilidad civil por daños a terceros con una cobertura no inferior a 120.000 €.

La licencia debe renovarse cada 5 años y puede ser renovada siempre que el titular no deje de cumplir algunos de los puntos establecidos anteriormente. Además, se deberá realizar un examen físico y psicológico que acredite que la persona que va a recibir la licencia tiene la suficiente capacidad visual, auditiva, del sistema locomotor y del sistema neurológico.

¿Qué normativa debe cumplir un perro PPP?

A diferencia de los perros no considerados potencialmente peligrosos, los que sí han recibido esta clasificación deben cumplir unas normas en espacios públicos. A continuación, pasamos a detallar dichas "medidas de seguridad", según el BOE:

Para empezar, será fundamental que la persona que lleve a su cargo un perro potencialmente peligroso tenga a disposición en espacios públicos la licencia para la tenencia de animales potencialmente peligrosos, así como la inscripción en el registro municipal.

Los animales deberán utilizar bozal siempre en espacios públicos.

No se podrán pasear perros potencialmente peligrosos con una correa extensible o una correa mayor de dos metros de longitud.

Una misma persona no puede pasear a dos perros considerados potencialmente peligrosos a la vez.

Está prohibido que un perro considerado como potencialmente peligroso esté sin atar o fuera de una zona delimitada y cerrada, aunque se trate de una propiedad privada.

La sustracción o pérdida del animal debe ser comunicado al registro municipal en un plazo máximo de cuarenta y ocho desde que se tenga conocimiento de su desaparición.

Ante el incumplimiento de estas normas se aplicará una sanción que puede ser considerada leve, moderada o grave que implique o no una sanción monetaria y hasta el decomiso del animal. Es muy importante entender este punto si se va adoptar un perro considerado como potencialmente peligroso.

La lucha por su derogación.

Desde que esta ley se instauro en nuestro país siempre ha estado envuelta en la polémica, y son muchos los colectivos y personas las que han estado luchando sin descanso para abolirla.

Lógicamente hasta que a mí no me afecto directamente no le preste demasiada atención, os recuerdo, que además yo era de los que tenía fobia a este tipo de perros, pero con la llegada de Orco a casa no me quedo más remedio que ponerme al día, más que nada porque me afectaba directamente.

 Esther y yo nos dedicamos a los deportes de contacto, esa es nuestra forma de vida y nuestra forma de ganarnos la vida, así que estamos muy acostumbrados a sufrir la injusticia de algunas etiquetas que nos cuelgan sin ni siquiera tomarse la molestia de conocernos.

La gente que práctica deportes de contacto son de ultra derecha, violentos, agresivos y no saben casi ni leer, ¿en serio?, quizás estas también os suenen; las mujeres que entrenan deportes de contacto son marimachos, poco femeninas, parecen tíos, ¿de verdad, os parece Esther poco femenina?

Yo creo que los perros sean de la raza que sean que realmente sean agresivos deberían llevar bozal, por supuesto, y esa es una responsabilidad del propietario, os voy a contar mi relación con la raza Pastor Alemán, Colmillo y Draven eran guapísimos y en casa súper cariñosos, pero al salir a calle e incluso cuando venía alguien a visitarnos nadie que no fuera de la familia podía tocarlos, ¿son los pastores alemanes agresivos? Por supuesto, que no, el error fue mío que probablemente no supe educarlos, no los sociabilice, con ellos nunca estuve obligado a llevarlos con bozal pero yo como tío responsable los llevaba siempre atados, y si paseando, alguien tenía las ganas de acariciarlos yo le advertía que no se acercara, ellos nunca mordieron a nadie, nunca atacaron a nadie, pero si hubieran sido mucho más violentos, por supuesto, les hubiera puesto bozal, para mí eran importantes, quería lo mejor para ellos, y no necesitaba ninguna ley que me dijera como protegerlos a ellos y a los demás.

Ahora después de cientos de manifestaciones por toda España durante muchos años, nuestro Gobierno parece haber encarado lo que para muchos es una ley injusta que demoniza y estigmatiza a determinadas razas de perros solo por su aspecto físico y sus cualidades, el brazo animalista de Pablo Iglesias, el director general de Derechos de los Animales, Sergio García Torres, ha asegurado que su intención es derogar esta ley y sustituirla por otra más justa, que trate los casos individuales y no generalice sobre la potencialidad de determinadas razas de perros, que al final acaban estigmatizados por la sociedad y señaladas a pesar de que su carácter no es violento ni agresivo.

Esperemos que en breve está ley sea finalmente modificada y sea mucho más justa, al fin y al cabo, de eso se trata la justicia.

"Cuando tu perro muera, por favor no digas, nunca tendré otro perro, busca los que han sido abandonados y olvidados, dales una segunda oportunidad"

14.-Da una segunda oportunidad

Son las diez de la noche, empieza una peli en la tele, estas cómodamente estirado en el sofá, piensas que ese es el sitio exacto donde quieres estar en ese preciso momento, sonríes porque sabes que no podrías estar mejor, de repente, unas patitas que trepan hasta tu "trono", te mira, como esperando tu permiso, le mueves un poco la cabeza y entiende que puede acurrucarse sobre ti, totalmente confiado, no tema nada, a tu lado se siente protegido, mientras tanto tú le miras, y recuerdas que ese perro que está encima de ti en el sofá hace apenas unos meses estaba en la jaula de un refugio y esa sensación es embriagadora, te hace sentir bien, porque has conseguido con muy poco esfuerzo que su vida mejore y por sensaciones como esta…la tuya también.

Por eso es importante tener la capacidad de dar siempre una segunda oportunidad, recuerda que la adopción es siempre la mejor opción.

En general los refugios de nuestro país están desbordados, son miles de perros los que están esperando en una jaula que una familia llegue para sacarles de allí, si os tomáis la molestia de ir un fin de semana a visitar uno os encontrareis dos cosas, las dos igual de impresionantes.

Por un lado, veréis la cantidad de voluntarios que invierten su tiempo y muchas veces su dinero en darles a estos perros olvidados y en muchas ocasiones maltratados una vida muchísimo más digna.

Pero, por otro lado, conoceréis la cara más feroz y brutal del ser humano, hay perros con historias que uno no puede creer, sales de allí preguntándote como puede haber personas que lleguen a ese grado de crueldad con un animal indefenso y lo que es peor, que además confía plenamente en ti.

Para que os hagáis una idea clara de la grave situación, me gustaría que conocierais una cifra espeluznante, alrededor de 104.688 perros fueron abandonados en un solo año, España es uno de los primeros países en la lista de abandonos.

A este dato yo le doy dos interpretaciones totalmente antagonistas, la primera es tan clara como los números que arroja esta estadística, nuestra cultura no ha destacado nunca por mirar y proteger la vida de nuestros animales, en muchos lugares hay mucha tradición por la caza, por supuesto, las corridas de toros, todo esto también influye a la hora de abandonar sin miramientos a un perro, hay diferentes motivos de abandono de una animal desde las camadas indeseadas, indicativo de despreocupación al no esterilizar para evitar este tipo de situaciones, el fin de la temporada de caza, un claro ejemplo, de utilizar los perros como simples herramientas, mal comportamiento del perro en casa, falto compromiso y esfuerzo en educarlo, y factores económicos o familiares, y contrario a lo que piensa la mayoría, el tema de las vacaciones suponen un porcentaje totalmente residual.

En esa amalgama de perros que puedes encontrar los refugios, las razas mal llamadas PPP o Potencialmente Peligrosas, son las que mayor cantidad hay, a la mala publicidad tenemos que añadir unos gastos extras que hacen que muchas personas se echen para atrás.

La principal idea de este libro es que aprendáis con mi experiencia que no son peligrosos, que no son culpables de nada y que merecen vivir en familia como cualquier otro perro.

Soy consciente de todos los impedimentos que supone adoptar un perro de estas razas, es todo muy difícil; de hecho, son los perros que lo tienen más difícil para encontrar una familia que les quiera dar una oportunidad.

Por eso quiero animar a todas aquellas personas que estén pensando en adoptar un perro, que no descarten estas razas: son perros extremadamente fieles y que necesitan muchísimo estar con la gente, razón por la cual lo pasan especialmente mal en los centros de acogida.

Para adoptar un perro de estas razas, la legislación actual exige:

I. Tener la licencia para tenencia de perros potencialmente peligrosos (renovable cada cinco años)
II. Examen Psicotécnico
III. Seguro de responsabilidad civil

Cabe destacar que el coste de la licencia para la tenencia de perros potencialmente peligrosos varía mucho según los municipios, y en algunos incluso es gratuita.

Teniendo en cuenta todos estos "inconvenientes", no dudéis en ir a conocer a estos perretes a los refugios, y recordad que sólo son un perro como cualquier otro, no tenéis ni una mínima idea de todo lo que pueden llegar a aportaros.

15.- ¡¡¡Hasta siempre señor Orco!!!

Empecé este libro por el final, no quería que ni vosotros ni yo nos quedáramos con el mal sabor de boca de la muerte del señor Orco.

Sinceramente espero que mi historia con él os ayude a acercaros a estas razas de perros, todas las etiquetas son injustas, pero en el caso de ellos resulta hasta ridículo catalogarlos de peligrosos, no os conforméis con lo que algún tipo de prensa publica sobre ellos, sabemos que hay historias que venden más que otras.

Ojalá se persiga a los maltratadores en lugar de a los maltratados, Orco ya no lo vera, pero me gustaría que España tuviera una legislación que nos les estigmatizara solo por su raza, peligrosa es la ignorancia.

No pierdo la esperanza de ver un futuro mejor, en una sociedad que reconozca los Derechos de los Animales y se les proteja de las barbaridades actuales.

Acabemos con el abandono y el maltrato.

Un abrazo para vosotros y vuestros perretes.